沒看完這本書，千萬不要找仲介買屋賣屋

Inconvenient Truth of Housing Transaction

黑心仲介

不告訴你的買屋賣屋陷阱

不動產顧問專家 陳恭奕◎著

買房賣屋，關鍵不在仲介說了什麼，而是他們沒說出口的！

你要原諒說謊的人，因為謊言保護自己；

你要感謝說謊的人，因為謊言揭露事實。

——希臘船王 歐納西斯 Aristotelis Onassis

CONTENTS

CONTENTS

PART 2

賣屋時，如何破解房仲的「話術」和「詭計」？

PART 3

買屋前，必須搞懂的「交易陷阱」

PART 4 賣屋前，一定要注意的「黑心地雷」

PART 5 附錄

作者序

買屋賣屋是人生必修的幸福學分

對於一般小老百姓而言，房屋買賣絕對是人生重大決定之一；也因此，如何買得安心，賣得放心，是一門非常重要的功課。一個錯誤的選擇，可能造成一輩子辛苦奮鬥的成果，一夜之間付諸流水；也可能讓你一輩子的積蓄，瞬間化為烏有。如果發生消費糾紛，輕則紛擾終日，重則可能官司纏身。所以，房屋買賣這門功課，應該是人生必修的重要學分，其中牽涉的問題不可不慎！

我曾經參與多次的房屋消費糾紛協調，其中一個案件，令我印象非常深刻，雖然時隔多年，至今仍記憶猶深。

那次所要協調糾紛發生的原因，其實並不特別，就是買方貸款額度不足，要求解除買賣契約，而賣方堅持要沒收買方已支付的價金。

協調會一開始，仲介偕同賣方已經進入會場，我一眼就看出賣方是個投資客，全身名牌服飾，表情也略顯不耐；而買方則是一個白髮蒼蒼的老婦人，拄著拐杖，步履蹣跚的進入會場。

協調會一開始，老婦人才剛開口就哭得稀里嘩啦。整個事件大概是老婦人打算幫兒子買一戶房子，讓兒子娶媳婦用的，由於本身經濟狀況只是小康，因此希望能夠高額貸款，仲介當時承諾她，保證可以貸到九成沒問題；沒想到核貸結果，卻只有七成不到，其餘不足的部分，要求買方以現金補足。

但老婦人東拼西湊，已經用了畢生積蓄支付了簽約款項，實在籌不出其他現金，只好放棄購屋念頭。沒想到仲介不只不承認做過承諾，甚至告訴老婦人，如果無法在期限內補足現金，那麼就是違約，前面所付的錢要全部被賣方沒收，而賣方態度更是強硬，一副他在法律上絕對站得住腳的態度。

這個案例突顯出在房屋買賣過程中，賣方、買方以及仲介公司的微妙三角關係，也就是仲介公司原本應該基於本身專業，提供買賣雙方關於交易的所有細節，以及可能產生的狀況，提出最好的建議。但礙於台灣法令繁瑣，而消費者又鮮少具備法律常識，甚或少數不肖仲介業者，為了本身利益罔顧消費者權益，使用所謂「話術」、「技巧」，使消費者陷入錯誤而造成巨大損失。

雖然我所接觸的房仲業朋友，絕大部分都是兢兢業業誠信經營，但不諱言仍有少數的從業人員，抑或本身專業不足，抑或迫於市場競爭急於成交……不論原因為何，如果遇上這類仲介人員，那損失可能會非常慘重。

因此，多年來不斷有好朋友，期待我能本於這麼多年的經驗，提供消費者一些寶貴的意見或提醒。對於這些好朋友的建議，我一直感到非常猶豫，因為台灣的仲介業市場漸趨成熟，法規也漸漸完善；再者我也擔心誤導消費者，以為仲介公司都是吃人不吐骨頭的惡霸，反而不利台灣房地產市場的健全發展。

後來，決定出版這本書，其實也是一種機緣，找我接洽的智言館出版社，原本著重在我在企業界的講師口碑及專業，希望出版關於「談判策略」方面的書籍；不過在幾次的會議中卻意外發現，出版社人員對於房屋買賣也曾遭遇過一些疑惑及困擾，經過幾次溝通之後，出版社的吳總經理鼓勵我不能藏私，應該將這麼難得的專業公諸於世，以造福其他消費者。

另外，再加上我觀察到目前市場上，雖然有不少類似的書籍，但不是作者本身以偏概全，把仲介公司妖魔化，要不就是作者本身並不具備豐富的房仲專業，只能從旁觀察卻無法一窺仲介業務的全貌，又或者偏重艱澀的法律解釋，難以解決消費者的疑惑。

因此，我試著以本身長達二十三年的實務經驗，藉由一些實際接觸的案例及周遭朋友的故事，以淺顯易懂的方式，讓消費者用非常輕鬆的方式閱讀，並且以非常簡易的方式，透過故事的分享，來了解如何透視仲介公司的作業技巧及避免誤踏法律地雷。

書中也會告訴消費者如何保障自己的權益，其中所提供的自我保護措施，是目前台灣房地產仲介業不敢討論的議題。

但是，我的用意不在譁眾取寵誤導消費者，反而希望藉由這本書的出版，能導正台灣房仲業者長期積非成是的作業習慣，以及慣用「話術」取代專業，「技巧」取代服務的慣性，因而造成消費者累積對仲介業的疑慮，反而不利仲介業的長期發展。

擁有自己的房地產，是每個人一生追求的目標，房仲業更是在這種需求下而衍生出來的一個非常專業的領域，我本著對於房仲業的深厚感情，期待藉由本書的出版，能對台灣的房地產市場，邁向正常化、透明化，略盡一份棉薄之力。

PART 1

買屋時，房仲不會教你的「市場潛規則」

01 房仲多半不會說謊，只是沒說出全部實情

我有一位朋友的親戚，大半輩子省吃儉用，人生半百時，好不容易攢下畢生積蓄，風風光光的在敦化南路上，買了間近兩千萬的房子。他想說，一輩子應該就只買這麼一次房屋了，要買就買最好的，所以特別請仲介幫忙挑間福居，也請風水師看過格局、方位，都說是風水好得不得了。

特別是房仲不只一次強調，前任屋主就是因為住了這間房子十多年，做生意賺了大錢，現在要到大陸去投資。光是「這真是『福地福人居』啊！」這句話，仲介就掛在嘴邊不下五、六次，讓朋友的親戚每聽一回愈加歡喜一分，恨不得隔天就可以過戶入厝。

等到簽約翻閱建物謄本時才赫然發現，前一手買賣間隔的時間以及轉手原因。原來，朋友親戚發現前手屋主持有的時間居然不到半年，而且產權移轉的原因居然是「法拍屋」。於是追問之下，房仲才說明，現任屋主確實是經由法拍才買下那間房子的，前一任屋主是因為

倒會跑路、房子被債權人查封拍賣，現在的屋主是投資客，所以根本沒打算自住，純粹就當作投資，所以買來半年不到，重新裝潢之後又轉手賣給了朋友的親戚。

這一發現非同小可，分明就是觸他霉頭，氣得朋友親戚新房子還沒住進去，就先中風住進了醫院。原本是想藉由「福地」的好風水帶來好運，讓自己升格為「福人」，誰想偏偏事與願違。

中國人相信風水，從某些科學角度看，風水之說也確實不全是空穴來風。例如風水學上將客廳喻為明堂，所以客廳光線一定要充足，所謂「明堂看得遠，事業無上限、財官運亨通。」站在醫學的觀點，不也是說「光線進不來，醫生跟著來。」但若因此過分迷信像是「福地福人居」這類的說法，那可是要自找罪受。

買房是人生大事，動輒百萬千萬，確實不得不小心再小心。風水之說固然重要，但最主要的還是要住在裡面，心裡覺得舒服，所以買屋之前還是可以借助各種資訊，或相關人員協助判斷某建物的優劣，再決定要不要購買。在簽約購買前，請務必記得，一定要要求仲介提供或直接向地政機關調閱「建物謄本」，從「謄本」就可以看出產權移轉的歷史紀錄，如此才能確保自己在意的事項不會出現閃失，而後悔莫及。

固然「業務嘴，唬累累」，但一方面那是他們職務上的慣性，若是消費者偷懶，自己不做功課，甘心三兩下就被「唬」得一愣一愣，小心到頭來累到的可是你自己。

02

「不動產說明書」，看不出凶宅或吉屋

我有個生意上的朋友，因為特別相信「坐東向西，賺錢沒人知。」（閩南語）這種說法，所以不論買辦公室或住家時，就都指定若不是坐東向西，代表好財位的房子他絕對不買。

後來，他果真生意愈做愈大，所以到中部擴展業務，需要選購房子當作分公司時，仍舊沒有放棄他住辦購屋的大原則——坐東向西的財位。透過房仲介紹，他看中了一間方位格局都相當不錯的商務辦公室，價錢又超值，甚至低於行情。

對於房價低於行情這一點，他感覺有些奇怪，特意留意了房屋四周環境，也沒發現有什麼問題。若硬要說環境上有什麼「異狀」的話，恐怕是屋外售屋看板上好像留下許多仲介告示貼貼撕撕的痕跡，這點確實挺讓人有些忐忑。為此，他特地詢問房仲，那房子為什麼賣那麼久都沒有賣掉？房仲只是拍拍他的肩膀，告訴他「我辦事你放心啦！這間你買到賺到。」

由於對當地不熟悉，在房子外觀內在都無明顯異狀的情況下，產權一切也都沒問題，最終朋友還是把房子給買下了。但誰也沒料到，他買之後沒多久，無意中才聽到附近的人說，那間房屋是凶宅，先前有屋主在那間房子裡自殺身亡，所以之前換過多家房仲都一直賣不出去，直到遇到他這位外地來的買主。

朋友這一聽可不得了，他氣急敗壞的找仲介理論，仲介卻推說自己也不知情，並且拿出「不動產說明書」，證明屋主當初勾選的是「所有權持有期間無發生非自然死亡事件」，而且那房子是屋主的爸爸留給他的「祖產」。

中國人不但愛說吉祥話，更愛聽吉祥話。於是房仲人員抓準了這種消費心理，像「坐東向西，賺錢沒人知。」這類收買人心的話術，便很自然成了他們方便又有效的銷售利器。理性的消費者，千萬不要讓自己的消費決策，受制於這樣的話術。

像案例中的前屋主，是鑽法律漏洞，他主張的是「『所有權持有期間』無發生非自然死亡事件」；法律上他雖站得住腳，但因為那間房屋是他自父親那邊繼承得來的，不可能不知道那就是凶宅。若又遇上不夠細心的房仲胡亂敲邊鼓，再加上自己執迷財位這些觀念，在這種狀況下，朋友要不犯下錯誤，那可是得靠運氣囉。

所以提醒讀者，最保險的方式是，一旦對於自己中意的房子感覺有異的話，一定記得要上網查詢那是不是凶宅，或者向管理員、鄰里長，或鄰居詢問房屋狀況，以避免買到自己不願意購買的房子。

03 房子的廣告DM和泡麵包裝紙一樣，看看就好

多年前，曾經發生過一個案例。有位消費者在購買預售屋時，受到精美廣告上氣派中庭的飛瀑噴泉所吸引，當下便決定買下該棟房屋。結果完工交屋後居然發現，他一心嚮往、讓他感覺門面十足的中庭飛瀑噴泉，居然變成一個毫不起眼的小水池，讓房屋的價值感立刻萎縮了一大截。

這位消費者實在氣不過，一狀告進法院，把當初他收到的廣告DM當成呈堂證供，怒告建商沒有履行當初的承諾。雖然建商也站出來極力主張，那些廣告只是「示意圖」，並不一定要按圖施工，他們有變更建物設計的權利。可是法官不採信建商的說法，認定建商「廣告不實」，判定建商必須賠償住戶。

「公共設施不符」是建商最常被判定「廣告不實」而受罰的狀況之一。建商、仲介的廣告經常為了達成銷售目的，大力宣傳建案配備有

各種俱樂部、游泳池或大停車場等高級設施，以招攬一心嚮往美好生活的消費者，從腰包裡把錢掏出來。但是等到房子完工交屋後，建案「實體」與當初廣告的「圖示」落差驚人，往往令消費者傻眼。

我們經常會收到建商或房仲的各種精美廣告DM，上頭常常會特別註明此為「示意圖」「僅供參考」。但千萬別被建商、房仲騙了，只要是他們發出的廣告，都不能只是「示意圖」而「僅供參考」，都是必須負起法律責任的。

我還真的看過南部建案的DM中，寬敞華麗的中庭裡，竟然種有幾株盛開著粉紅花瓣的櫻花，真是誇張過頭了！提醒你，買屋前收集到的各種房屋資訊，像是報紙廣告、夾報廣告、DM等文宣品，都不要輕易丟棄，要妥善保存，一旦房子完工交屋後，發現建物和當初建商、房仲所宣稱的落差過大，那些文宣品便可以當成證據，向建商要求賠償，以保護自己的權益。

另一種可能的狀況則是，正因為建商、房仲的廣告必須盡其所能的誇耀，建物擁有多麼吸引人的公共設施，經常造成建物的部分設施，與建照或使用執照原本核定的使用用途大相逕庭。若是遇見這種情況，就算建商當真硬著頭皮把那些設施蓋了起來，未來還是會因為「違章建築」而被拆除，最後受害的仍舊是消費者！

所以請牢記，對於建商或房仲大力促銷的大型高價值公共設施，至少應該注意兩件事情：一是，有沒有廣告不實；二是，有沒有符合建照與使用執照的使用用途。

專家壓箱寶

狀告建商「廣告不實」如何舉證？

只要是建商、房仲希望提供給消費者購屋參考的任何資訊，他們都必須對其宣稱的內容負起法律責任。建商變更的設計一旦影響住戶權益時，便不能以主張自己有「變更設計的權利」來規避責任，此時消費者便可以對建商提出「廣告不實」的告訴，但消費者必須自己負責舉證。

消費者的舉證其實也不是太困難，只要是建商、房仲當初任何形式的「廣告」，都可以當作呈堂證供，包括：房仲的口述、建物的報紙廣告、電視廣告、夾報DM等。

04 你是買房子，還是想買公共設施？

很多人在準備購屋時，一聽到房仲鼓吹說：「我們這棟社區『公共設施完善』，住戶不用出門人擠人、不需要繳昂貴年費，就可以在這麼豪華優質的環境裡，幾十年都享受免費看電影、唱KTV、泡三溫暖、在健身房練肌肉的好康，簡直太划算了。」相信很少人能按捺得住而不怦然心動的。

好幾年前，我自己就曾經因為房仲促銷說詞，所產生的美好想像，買了一間位在三峽面山的美麗社區，那裡空氣清新、鳥語花香，共有八百個住戶。當初房仲的廣告就大力宣傳，這是個公共設施完善的「夢幻社區」：全體住戶可以共享KTV、電影院、游泳池等設施，社區內還設有活動中心及社區巴士。

但是直到住進去之後，我才慢慢發現，原來很多事情並非房仲所說的那樣。

例如，廣告上所謂的「社區電影院」，每月只有播放一次。這個頻率對於電影愛好者來說根本無法解渴，但對忙碌公務的我來說，卻一年頂多能夠去捧個兩次場而已。對真正想看電影的，和沒時間看電影的人來說，這項公設似乎怎麼算都划不來。

自從大家搬進社區以來，就看到「社區巴士」一天到晚停放在中庭。大約過了半年之後，管委會終於貼出公告要開始載客運作，票價十多元，還挺合理的；但兩、三個月後又貼出公告，表示社區巴士必須養司機，不敷成本，只好外包經營；又過沒多久，出現最後一張告示，表示必須把社區巴士再度打回中庭的一角，繼續養蚊子去。就這樣，社區居民只享受了幾個月短壽的社區巴士服務。

更戲劇化的是，大家入住好一段時間以後，居然聽說「社區活動中心」的那塊地建商要拿去蓋別墅，原來大家誤以為已經共同持分分攤的活動中心，所有權居然仍握在建商手裡。大家氣不過，一狀告上法院，結果所有住戶才又額外獲得一份大約只擁有零點零零幾坪的土地權狀。

還有，一般大樓的地下室大多用做停車場，但這個社區的地下一樓仍屬建商所有，住戶也沒有分攤坪數，所以並不做停車場用是相當合理的。買屋時房仲說，建商已經和大型超市簽了約要進駐，供應住戶的日常所需，大家心裡都是相當歡迎的。不料合約中途生變，超市不進來了，結果換成肉品加工廠。從此，地下一樓血水橫流、蒼蠅漫飛，物流小發財車天天車水馬龍，住屋環境品質立刻夢碎。

羊毛出在羊身上，不論是一般公共設施，或是育樂公共設施，建案的公設設置得愈完善，建物的公設比例自然愈高，相對來說，房屋總價必然也就愈高。所以購買完善的公共設施，就相當於是花數十萬，甚或數百萬元不等的金額，「預付」未來「美好生活」的門票。

想一想，那些設施你一年真正會用到幾次？除非早已經養成定期使用那些設施，或定期參與那些活動的習慣，否則千萬不要自我催眠：「搬進去住以後，我就會天天晨泳、每星期上健身房三次、一個月唱一次卡拉OK。」不管一開始使用公共設施多麼勤勞，要不了一、兩年，等新鮮感一過，仍然定期使用那些設施的人應該寥寥可數。

若撇開個人因素不談，更讓人傻眼的狀況是，這些「完善公共設施」的美麗承諾，經常在兌現之後卻大大走樣的案例也並不少見；而美麗承諾兌現後沒讓人失望的，卻因為日後住戶必須每月支出大筆管理維護費用，最後導致陸續「收攤」的，更是時有所聞，就像我前面提到的社區巴士。千萬別因為種種美夢而預付大筆「完善公共設施」的費用，否則就成了標準的冤大頭。

〈專家一點通〉

何謂「公共設施」？

所謂「公共設施」，一般指住戶共同使用的設施，如樓梯間、電梯間、屋頂突出物、停車位、共同出入口及門廳、管理員室、防空避難設備、機電設備空間及社區活動中心等。除此之外，現在部分大型社區，還增設許多住戶育樂聚會所需的公共設施，常見的有KTV、電影館、三溫暖、健身房、閱覽室、俱樂部等。

這其中又可細分為「大公」與「小公」。「大公」泛指全體住戶必須共同分攤的公共設施，一般包括社區車道、社區門廳、管理員室、庭院、樓梯間、地下避難室、運動及遊樂設施、水電設備等；「小公」則是指個別樓層的住戶共同使用及分攤的小範圍公共設施，如電梯間、走道及露台等。

05 明星學校的隔壁，不見得就是明星學區

好幾年前，我在報紙上曾經看過這麼一個案例。有一對夫妻非常注重子女的教育，因此當政府提出十二年國教的構想時，雖然那時孩子還很小，但是夫妻倆就已經未雨綢繆，開始布局孩子到國中，甚至高中要就讀的學校了。

當時他們積極的找房子看房子，遇到了一位房仲大力遊說他們，跟他們說「買個近優質學區的房子，等於投資孩子的一輩子。」結果他們真的下重本，買了房仲所說的擁有高升學率的國中以及明星高中附近的一間房子。

沒想到，等到住進去之後才發現，他們處心積慮花大錢買下的房子，恰恰好還差了一條巷子，根本沒有被規畫進去高升學率國中以及明星高中的學區。結果，花了冤枉錢不打緊，還躭誤到孩子念明星學校的機會。於是，一狀告上法院，希望法律還給他們一個公道。

還好，他們夫妻保留了當初房仲在報紙上刊登的廣告資料，確確實

實強力主打這個建案是「某某學區貴族華廈」，於是把這些廣告資料當成呈堂證供，控告房仲「廣告不實」。結果這對夫妻打贏官司，房仲必須賠償他們新台幣一百萬元。

由此可知，買屋前建商、房仲任何形式的廣告，都必須保留，等到交屋後，確認所要求的都沒問題了，才可以把相關的資料丟棄。否則，這類廣告資訊，都會是未來保障自己權益最有力的證物。

就我多年的經驗，確實常常看到消費者用超貴的價格，買下明星學校周圍幾百公尺內的房子，明明每天可以聽見明星學校的鐘聲，還看得見學生上學放學的身影。住進去之後卻發現，原來自己買的根本是「聽得到看得到，就是吃不到。」的明星學校的房屋。

千萬不要誤以為房仲一定確認過房子的學區，或者迷信地點愈靠近明星學校的房子，就是就讀明星學校的保障門票。在購屋前，一定要先向鄰居、鄰里長或戶政機關詢問，詳細確認房屋所在地的學區究竟是哪一所學校，才能獲得百分百的保障。

專家壓箱寶

明星學區的魅力值多少？

一般來說，明星學區房價大約可以比非明星學區貴一成以上；如果同時擁有明星國小、明星國中的雙料明星學區，房價更是不凡。以北市中正區同時有教大附小、中正國中的學區來看，每坪房價甚至比周邊要再高出約十萬元，而且願意釋出銷售的建物還相當少，算是稀有珍品。

由於明星學區需求強烈，這種地區還會出現不少以設籍為目的而劃分出來，只有十一、二坪大的小套房建物，以供有跨區就學的家庭需要。

06 捷運共構宅不為人知的「隱藏成本」

有一次家族聚會，我聽到許久沒有碰面的一個子姪輩聊起，一直以來，他就很嚮往增值跑第一的捷運共構宅。兩、三年前，他聽信仲介「到站就到家」的廣告宣傳，終於搬進「夢寐以求的捷運共構套房」，但住進去之後才發現，現實並不如他想像的美好。

首先，他們的捷運共構宅因為安全要求不能使用瓦斯，全部都得靠電熱，像是電瓦斯爐、電熱水器等，煮煮開水還OK，真要開伙料理自己喜愛的大火快炒台菜，不容易也不方便，而且耗電。再加上，捷運站的各種設施又幾乎都是開一整天的，公共電費自然又要特別「高貴」一點。

就這樣，自家電費多一點、公共電費又添一點，每個月下來，他們家要繳納的電費，硬是比同事的多了好幾倍；一年計算下來，簡直是財庫大失血。

這也就罷了，捷運共構宅的公設比也絕不輸人，普通三房的大約佔三五％，二房以下的更可以高達三八％到四〇％。他原以為共構套房總價低比較容易上手，但十二坪的套房，實際使用坪數不到六、七坪，他家的後陽台塞進一台小型洗衣機就已經快滿出來了。

一開始，他也覺得房仲強調的「到站就到家」，確實是捷運共構宅的一大優點，不但節省通勤時間，還可以省下一大筆買車的錢。

不過，幾個月前，當他們有了小寶寶之後，每到假日想回中南部老家時，光帶寶寶的東西就一大堆，那時心中反倒開始興起想要買輛車來代步的欲望。結果，原先地下室就是捷運站這個大優點，反而成了缺點，因為如此，便注定他們這棟樓是不可能自備有停車位的。若是想在住家周邊尋找可以停車的空間，又因為捷運站周邊商圈寸土寸金，打算長期靠路邊停車無異就是緣木求魚，那得碰多少的運氣、花多少時間去「壓馬路」，才能夠找得到啊。

的確，誰不想買到增值快速的房子。「捷運共構宅」多半是住、辦、商三用，近商圈、生活機能完善；再加上這類建案大多是近十年不到陸續完工交屋的，不但外觀新穎、設備又先進，在賣相上，第一印象就非常討喜。若不打算自住，分租出去的話，租金行情也可以足足比周邊大樓還高出個十%至十五%，近來確實已經成為住家或投資的搶手貨。依照去年的報導，捷運共構宅的增值甚至可以高達四成左右，任誰看了都很容易動心。

而且「到站就到家」，幾乎是所有捷運共構建案的無敵廣告詞，只要把它搬出來，不論自住型或投資客都趨之若鶩。對於首購族或新婚族來說，似乎還可以再省下一筆買車買停車位的費用，就算單價稍微貴一點或許也還上算。而且很多建案還以套房形式出售，坪數不大、總價友善，在年輕上班族之間火紅得很，儼然已經成了購屋首選的新指標。

果然因為「捷運共構宅」的夢很大，所以漸漸有建商展開大規模造鎮計畫，像新店小碧潭站的某建案，總推案價值就高達兩百億；未來蘆洲、南港等地區，預計都會有超過千億的建案。可以見得，「捷運共構宅」已經成為建屋推案的明顯趨勢，市場也似乎正跟隨著捷運的腳步在移動。

正因為大家似乎都只看到捷運共構宅增值的經濟效益，所以在本文一開始的案例中，我才特別幫讀者算一算住捷運共構宅可能要付出哪些成本。

所以，當你再聽見房仲為你規畫未來「美麗的家園」，在心動、嚮往之前，請務必翻出這本書，再複習一遍，核算一下為搶增值，你得先付出哪些成本。

07 捷運共構宅的「方便」，有哪些安全顧慮？

最近社區搬來一對上了年紀的夫婦，閒聊之中才知道，他們之前是住所謂的捷運共構宅。

原來，他們夫妻倆退休了，除了部分退休金之外，三個子女相當孝順，合湊了一筆錢，替老爸老媽在新北市某捷運共構宅買了間套房，想這樣即便年紀更大一點，進出也都會非常方便。孩子們還開玩笑說，老爸老媽若下雨天想去逛逛北車地下商場，吃點小點心什麼的，連雨傘都不必帶。

退休後生活原本就簡單，夫妻倆住進去之後，一切也都適應得挺好。但漸漸的，他們發現，只要到了夜晚，彼此老是聽錯對方說的話。過了好一陣子，他們才搞清楚，原來每當隔壁鄰居下班後，他們只要說話音量大一點，話聲就會傳進老夫妻的耳朵裡。因為有些年紀了，聽力不太靈光，所以每到晚上，兩人總要不斷詢問對方：「剛剛是你在跟我說話嗎？」弄清真相後，他們反過頭擔心起自己平常說的話，是不是也讓鄰居給聽光光了。

再加上老太太比較敏感，也不知道是不是心理作用，三不五時捷運通過時，早睡的老先生才剛要入眠，就會被搖醒，聽見老伴問：「是不是有地震啊？」

最後，老夫妻只好舉雙手投降，他們不適合住共構宅。所以和子女商量後，把共構宅賣了，換住到鄰近捷運站的其他大樓。

我們都知道，捷運共構宅最讓大家中意的優點有二：一是「下了捷運就是我家」；二是有車站的地方，就能帶來人潮。不論對住家、辦公、商店，都看似利多。

「下了捷運就是我家」固然是美好的憧憬；一般人也認為，人潮匯集等同是代表治安比較沒死角。但從另一個角度來看，交通方便畢竟只是一時，一般人下了班後回到家，誰不想圖個寧靜，但房屋底下的捷運到凌晨前卻依然熱鬧滾滾，實質上或心理上，總感覺難以放下一天緊張的心情。

再加上捷運宅住辦商三用，出入的人口還會因此更加複雜。為此，不免讓人擔憂，住家的隱私和安全是否無法受到最好的保護。

除此之外，捷運行駛必然引起震動，或許二、三以上樓層，人體感受不是太明顯，日常作息也似乎不受影響。但長此以往，日積月累，這種天天幾乎無感的震動，勢必對大樓的結構造成不同程度的影響。若是遇地震等災變發生，難保不會有安全上的顧慮。

還曾有報導說，有建商為了減輕捷運共構建物的重量，而採用新式的工法，把原本做為室內隔間用的「輕質灌漿牆」，拿來用做隔戶的牆，卻意外降低了兩戶之間的隔音效果，造成鄰居間「雞犬相聞」，沖馬桶、手機鈴聲都可以聽得一清二楚，幾乎可以說是毫無隱私了。

選擇捷運共構宅，就好比選擇公路旁、鐵道邊一樣，有的人適應、有的人不適應。務必要三思，考慮清楚了再做決定才好。

08 價格低於行情的房子，都有不能說的祕密

我曾經去桃園看房子時，遇見一個很特別的案例。

我去看的那棟大樓非常奇特，不但價格較同區的房屋來得便宜，而且住戶中完全沒有當地人，全都是外來客買下的。這一點令我特別好奇，於是特地到鄰近勘查了一番，也沒有發現任何明顯的嫌惡設施啊，這究竟是怎麼回事？

於是在我跟幾位當地人仔細打聽了之後才知道，原來那棟建物的地基從前是片水塘。我們姑且先不論，填平的技術是否補救得了先前是水塘的問題，心理上，當地人就先入為主的認為那塊地的地質潮溼鬆軟、房屋地基一定不穩，安全堪慮，自然缺乏當地人前來問津了。

很多從事房仲的人員都給人「業務嘴，唬累累」（閩南語）的印象，為了成交，他們什麼收買人心的銷售話術都說得出口。好比在公路旁，我們不就經常可以看到一塊塊寫著「蜂蜜不純砍頭」的招牌，結果消費者保護委員會幾年前，曾經大規模針對七個縣市抽查觀光區銷

售的蜂蜜，不純比例竟然高達九成（《康健雜誌》九十八期）。所以有人開玩笑：那要砍誰的頭啊？開玩笑，當然是砍蜜蜂的頭。

所以，當房仲信誓旦旦說：「這附近絕對找不到這種砍頭價啦！」這時候，你可得要特別留意了。留意什麼呢？或許不是價格不實，也可能不是房屋品質有問題，而是鄰近環境暗藏有「嫌惡設施」，因為只有極低的機率，會從天上掉下真正的「便宜好事」。

一般來說，鄰近如瓦斯行、傳統市場等「嫌惡設施」的建物，會降低買方接手意願、拉長轉手所需的時間，賣方為了加速交易，自然得要靠降價以求售。「嫌惡設施」影響房屋售價的程度不一而足，可以從五％到二十五％那麼多。

所以像那些傳統市場、醫院、高架橋、飛機場、墓地等，只要眼睛睜大點就可以看得見的嫌惡設施，算是不容易出錯的。另有些「深藏不露」的，像是「凶宅就在你隔壁」；或者像我在桃園碰到的那棟大樓，地底下原先是個水塘這麼罕見的案例等，就只好靠勤能補拙，上網蒐集資料，或發揮柯南精神，勤勞張嘴到處打探才能問得出來。

強烈提醒你，凡是遇見便宜好事，為了謹防誤踩地雷，最保險的就是去找當地的老里長或老鄰長打探打探，他們通常對鄰里大小事瞭如指掌。經過他們的確認，「便宜事」才可能是真正的好事。

〔專家一點通〕

什麼是「嫌惡設施」？

住家附近若出現可能干擾生活品質，甚至威脅生命健康安全的設施或場所，讓一般人避之唯恐不及的，我們便稱其為「嫌惡設施」。例如：

1. 會干擾生活品質的嫌惡設施：醫院、工廠、傳統市場、廟宇、殯儀館、工廠、神壇、停車塔、垃圾場、焚化爐、墳墓、飛機場、特種行業。
2. 會威脅生命安全或影響身體健康的嫌惡設施：高壓電塔、基地台、瓦斯行、加油站、爆竹工廠、核能廠等。

嫌惡設施會對房價造成多大幅度的影響？

常見嫌惡設施	影響房價幅度
飛機場、加油站、瓦斯行、高壓電塔、神壇、停車塔、高架橋、鐵道、高架捷運、夜市、特種行業	5%～10%
家庭加工廠	10%～15%
垃圾場、焚化爐、墳墓、殯儀館	10%～25%

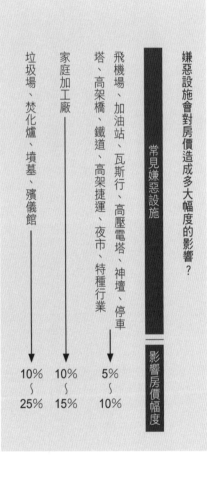

09 世事無常，萬坪公園也會瞬間消失

有一次我和朋友從桃園開車回台北，在等紅燈上交流道時，剛好收到一張房仲所發的DM。DM上有美美的歐式社區建物照片，底下打了一排誘人的廣告訴求：

歐式花園優質社區——

三大房＋雙車位，緊鄰萬坪公園綠地

近中山高南崁交流道

三十分鐘到台北都會區

朋友看了一眼，跟我說：「台灣才多大，都會區哪來那麼多動輒萬坪的公園綠地。」

接著，他就聊起他老丈人的買屋經驗。

他說老人家就是受到這類廣告的吸引，按圖索驥找上了某家房仲。房仲人員對老丈人相當殷勤，也很懂得察言觀色，很快就發現老丈人對其中某個建案特別感興趣，只要他一強調「萬坪公園就在你家隔壁。」這句話，老先生的兩眼就會明顯發亮。

原來老先生退休後，原本想打算到鄉下買塊地當個農夫的，無奈他有糖尿病和高血壓這些慢性病，為了就醫方便，只好放棄下鄉的夢。所以，一直就希望可以換到公園或綠地的四周居住，最少最少，每天早晚還可以到公園綠地上快走個兩圈，也算是稍稍彌補遺憾了。

果然，搬進新家之後，老丈人每天都到綠地報到，除了快走，還學會了外丹功。但就在連續下了幾天雨之後，他發現，綠地怎麼被圍籬圈起來進不去了。老丈人一臉狐疑的離開，之後幾天，慢慢發現綠地上除了出現圍籬，還陸續出現挖土機、卡車等，問工地裡的人員，才知道他們要準備挖地基蓋大樓了。

這個變化，不但讓老丈人從此失去了生活的一大重心，還讓當初因為中意這一片綠地，而自動放棄講價空間的老人家，從此不停哀嘆自己是雙重損失。

我常常提醒消費者，買房子時要「眼見為憑」，鼓勵他們親自前往房屋現場勘查。

但是，有些情況卻是光用眼睛看，卻不能夠保證什麼的。很多你確確實實看見的綠地，其實是別人的私有土地，或是建商放在那邊養地，準備擇期動工蓋大樓的。所以或許要不了多久，一棟更高的樓就突然從你家鄰近拔地而起，不但綠地憑空消失，很可能連遠眺的景觀、向陽的光線，通通一夜間五鬼搬運不見了。

為避免這種連眼見都不能為憑的陷阱，最根本的辦法就是要求房仲，或是向地政機關及建管單位調來「地籍圖」或「分區使用說明書」、「都市計畫圖」等仔細閱讀，這樣所有可能的地雷便將無所遁形了。

10「標的現況說明書」暗藏太多玄機？

多年前，曾經發生過這麼一個案例。

有位買主透過房仲的介紹，看中一間五樓的房子，再加上頂樓加蓋的部分，裝潢得美輪美奐，房仲暗示他，「這麼超值的建物，真是誰能買到誰賺到。」讓買方心中大喜，想到只需付一層樓的價錢，就可以買到兩層樓的屋子，簡直太幸運了。於是一口答應屋主開出的價金，沒半點囉嗦就買了。

等到交屋時，買方卻發現，屋主已經搬離五樓沒錯，但是可也沒有搬開太遠，轉而住進了五樓上面的頂樓加蓋屋。這可氣壞了買方，一通電話通知房仲來解釋究竟是怎麼回事。只見原屋主老神在在的問說，哪裡有問題啊？合約上不也是清清楚楚說明，賣出的是五樓，不是嗎？產權上的坪數也只有五樓啊！

這下子買方完全傻眼了！一般房屋買賣大都會有默契，頂樓加蓋通常都會灌進「可使用坪數」裡頭，然後計入房屋總價當中一起銷售。

但偏偏遇上這個屋主出怪招，反而主張沒有連同頂樓加蓋一起銷售。讓買方一下從天堂掉到地獄，氣到簡直要抓狂。

很明顯的是買方太過輕忽了，他忽略了「簽約前要看清楚合約內容」，並且過度依賴房仲的說詞。

我們知道，有關房屋的所有狀況，都會詳細記載在「不動產說明書」中，特別是其中的「不動產標的現況說明書」，對消費者來說更是重要，請務必一定要詳細閱讀。

事實上，頂樓加蓋的部分屬於違建，但仍然必須在「不動產標的現況說明書」中詳列說明，在買賣契約書中也要載明，同時還要屋主確認是否已經收到過「拆除通知」等文件，否則，貪圖附加的使用價值，卻發生原屋主賴著不搬；或是過不了多久就被拆除，那時才叫作「欲哭無淚」。

專家壓箱寶

不動產「標的現況說明書」記載內容？

不動產「標的現況說明書」記載內容要點有：

1.有沒有增建項目，即便是違建的部分，也要填寫進去。

2.有沒有停車位，停車位是否有分管協議書，是固定式的還是定期抽籤？這些細節都必須很清楚的記載才行。

3.屋況描述，例如：有沒有漏水？如果有，要怎麼處理？是現況交屋？還是修復之後再交屋？有沒有做過海砂屋或輻射屋檢測？是不是凶宅等等。

4.房屋現在有沒有租約？如果有，怎麼處理？

〔專家一點通〕

不動產「標的現況說明書」記載事項由誰負責？

依法一定要附於買賣契約書之後當成附件的「不動產說明書」，特別是其中的「標的現況說明書」，原本應該是由屋主親自勾選說明屋況，但因為內容牽涉的屋況描述有二、三十項之多，又有許多艱澀的專業術語，所以房仲經常會代替屋主勾選；更有甚者，房仲為了提升成交效率，還會代替屋主勾選簽名。一旦屋況出現瑕疵，責任歸屬的問題常常很難釐清。

在「標的現況說明書」上簽字，是必須負法律責任的，但重點是，仲介簽字和屋主親簽所產生的法律效力，是很不一樣的。「標的現況說明書」若是由仲介代簽的字，到時候出問題的話，房仲牽涉的法律責任只是「偽造文書」，或未盡調查義務的「業務瑕疵」，這兩者都跟追溯屋主責任無關。

為避免事後再來追溯各種麻煩的責任，再次強調，在支付斡旋金而簽下「議價委託書」時，一定要先拿到「不動產說明書」以及「標的現況說明書」。否則等到付完斡旋金，也成交了才拿到「標的現況說明書」，萬一屋主勾選屋況卻是有問題的，例如是輻射屋或海砂屋的話，你要買還是不要買？不買的話，那麼你的斡旋金就有可能拿不回來了。

11 付出血汗錢買房子，卻讓「蟑螂」住？

我有一位住在南港的同事，不久前，因為看見房仲大力宣傳汐止某間房屋：「高鐵站、地段佳、近商圈、超便宜、帶租約、投資自用皆適宜。」感覺起來似乎條件相當不錯，而且自己也不急著搬進新屋，有現成的房客，還有一筆租金收入，等自己想搬進去時再請房客搬走，真的符合「投資自用皆適宜」。

結果實地請房仲帶去看屋以後，更為滿意。由於房仲不斷催促，他們拿的只是屋主給的一般約，若是有中意房子，手腳就要快，否則好的物件一下子就會被別人捷足先登了。

我這朋友也算是有些概念的，曉得應該先跟房仲要求看過「不動產說明書」，以及「不動產標的現況說明書」，對於房屋狀況比較能掌握。但房仲解釋，因為拿到一般約的話，通常屋主也不會跟特定房仲預先簽核這兩種說明書，必須到成交後才補件。我那朋友想了想也對，實務上確實大多也如此，所以不疑有他，很快就給了斡旋金，也成交了。

等到房子買過來一陣子之後，因為自己現在住的南港區房子價錢飆漲，因此想賣掉之後搬進去汐止的房屋，朋友想整理房屋時才弄清楚，原來前屋主和房客簽定的是一紙長達五年的租約，房客還有一半的約期在。在「買賣合約不能打破租賃合約」的前提下，朋友只得設法跟房客打個商量，有沒有可能提前解約？結果對方不答應，我朋友只好耐著性子再等三年，直到租約期滿。

不過我朋友的狀況，其實還不算是最糟糕的。多年前，我還聽過另一個案例，那個案例裡的屋主是為了惡意脫產，才設局出售房屋，不但故意找來人頭簽了一紙十年租期的租約，而且還是用超級便宜的租金出租。

更難纏的是，該名屋主應該是很懂得法律，這樣的租約並且還取得了法院的公證。如此一來，原屋主不但成功脫產，還廉價租賃了自己原來的房子長達十年之久，讓粗心大意接手的買方，在發現真相後捶胸頓足、大呼上當。

我喜歡戲稱這種房子為「蟑螂屋」，因為這類案例中的房客，個個都相當棘手，沒那麼容易請得走，就像蟑螂似的，怎麼趕也趕不走。

這些案例在在都突顯了一個相同的問題，那就是「支付斡旋金之前，一定一定要拿到『不動產說明書』以及『不動產標的現況說明書』」，了解房屋產權及使用狀況。這樣一來，你才能真正清楚屋況，不要買了房過了戶，住在裡面的卻是別人。

〔專家一點通〕何謂「買賣合約不能打破租賃合約」？

這項原則，簡稱「買賣不破租賃」原則；也就是說，當房屋有租約的情形下，買賣是無法「打破」原先存在的租賃關係，新買主是無法過問房客的房屋使用權的，此時租賃權的效力大於買受人的效力。

這項原則顯然對新買主相當沒有保障，所以後來經過修法，修正為：未定期的租約，或訂約期限超過五年以上者，如果未經法院公證效力，就不適用「買賣不破租賃」的原則，此時買受人的效力是大於租賃權效力的。

簡單來說，只要符合：「五年以內租約」「已經法院公證的租約」，就仍然沿用「買賣不破租賃」的原則。很顯然，目前法律只約制了長期租約或不當佔用者的效力，購買土地或房屋時仍然必須十分小心。

12 看房選屋時，最好先加入「外貌協會」

當你在挑選房子時，很多房仲會告訴你：看房子就像在看人，內在美比外在美更重要啦。畢竟，我們是住在屋裡頭，房子外觀是留給外面人看的。

其實，這是錯誤的觀念，看房選屋，很多時候，外在美反而要比內在美重要得多。

我有一位客戶，就曾經吃過這種虧。她輕易就接受房仲的說法，買了和平東路上一間外觀老舊，但內裝華美的房子，搬進新居時還大請親友同事，開了個熱熱鬧鬧的轟趴。

結果住沒多久，她驚嚇發現，馬桶經常阻塞，下雨天牆面陸續又多出一塊塊水漬；接著，腳下的櫸木地板這裡彎那裡翹，最後連屋頂都滴下水來。她氣得打電話給仲介，責問對方「究竟搞什麼鬼啊！」才知道，原來是投資客搞的鬼，房屋的問題，當初都被原屋主投資客，用裝潢化妝術遮蓋掉了。

房屋的內在裝修相較於外觀的確容易許多，只要花些錢，請有經驗的設計師以及施工師傅動動手腳，再體弱多病的房屋，看起來都能夠頭好壯壯、身強體健；也就是說，若是屋主有心要做手腳，讓整組壞光光的房子整型變身，是很容易做到的。

但是想替整棟樓「拉皮回春」，可就沒那麼容易了。一來，房屋外觀是整棟樓的住戶共有，不是你個人說要整修，大家就會願意一起配合整修。

二來，房屋外觀是整體觀感，牽一髮動全身，局部修正的話，一眼就可以看得出來。特別是大家共有的外觀設施，像是統一的陽台金屬圍欄，如果因為已經開始鏽蝕，有住戶想單獨換修，確實是不需要經過其他住戶同意就能做到，但只要多留意觀察，一定可以很快比對發現，你想買的房子是不是經過刻意美化了。這麼刻意的手腳，多數情況，都會是投資客慣有的手法。

其實，並非投資客釋出的建物就不可以買，而是因為，投資客講究的無非就是將本求利，他所有裝潢整修的目的只有一個，就是以最小成本達到最大獲利。所以在整修上不必要講求追本溯源，治標即可以交差；裝潢更不求料好實用，美美的就對了。裝修還新新的時候不覺得有異，但只要住上一陣子，房屋的問題就會像少女臉上遮蓋不住的痘痘，一顆一顆的冒出來了。

所以，一發現房屋外觀和內在差異太大時，記得就要讓腦袋裡的「投資客警報器」放聲大響，否則或許你不會立即「吃虧在眼前」，但只要時日稍稍久一點，你一定會發現，這虧可吃大囉！

13 名家設計的房子，就是好房子？

我有個遠房親戚，耗資數千萬元，在新北市買下外觀氣派萬千的名建築師所設計的房子。他的親友來訪看到新房子，沒有不豎起大拇指稱讚「這簡直是藝術品」，讓主人真是面子十足。

等到部分親友離開後，我這親戚才嘆口氣說：「你不要看我這個房子氣派得不得了，好像很有面子，但看不到的問題其實還真不少。」在場幾名親友聽了，紛紛問他是怎麼一回事？

原來，建商為了營造豪華氣派的外觀，不得不犧牲部分室內的隔間。就像親戚所買的這間屋子，梁柱位置便因為要搭配外觀上的變化，造成兩間房間和後陽台都被迫縮小坪數。

或許有人會認為，為了整體造型，只要不影響到主臥室，其他房間小一點也還算可以忍受。但若是小到連一般標準規格三尺的床都放不進去的話，那問題可就麻煩了，勢必得另外訂做，就算是勉強擠進一張正常規格的床，但是門就不一定關得上了。

還有我發現親戚房子的後陽台，放一台洗衣機就「滿格」了，連個曬衣服的地方都找不到；諷刺的是，給外傭使用的廚房，倒是出乎意外的寬敞。

因此，當你打算購買知名建築師設計的房子，特別是預售屋時，必須格外注意該建案是否為了成就大樓華麗氣派的外觀，反而犧牲了房屋內部格局的實用性。

還有，很多建商經常將樣品屋的尺寸悄悄放大，或者將樣品屋中的裝潢家具縮小，只要尺寸與預定的坪數差異不大，一般人其實是不容易察覺的。

此外，從樣品屋也看不到房屋的實際坐向，以及不同坐向下會出現什麼景觀，四周有沒有嫌惡設施等，這些都是看樣品屋時必須考量的細微環節。

一棟建築物的設計工作，主要包含外觀動線、結構、電機冷氣機能等三項。其中，房屋的外觀動線，是由建築師規畫，結構則由土木工程師負責，電機冷氣機能則是管線工程師的專業。

在實作上，除了房屋外觀大家比較容易判斷，可以有明顯的好惡外，其餘兩項，若非專業人士，其實是很難置喙的。所以多數建商、房仲在銷售話術上，或者消費者在房屋的選擇上，便都會比較偏重以外觀設計做為指標，致使「特選名建築設計師」為招攬的廣告訴求，往往最容易打動人心。

所以，切記千萬別被美麗壯觀的外表迷惑了，以免落得「贏了面子，卻輸了裡子」的下場。

〔專家一點通〕

建築師和土木工程師有什麼不同？

很多人分辨不清楚建築設計師和土木工程師有何不同，簡單來分：建築師，主要是負責規畫房屋外觀、依使用需求設計建物周邊環境，及房屋內部的配置。而土木工程師，則是依照建築師的設計規畫，按經濟及安全的考量，設計建物的地基以及各構件的強度，然後施工完成。

所以也有人打趣比喻，建築師是房屋的藝術家，而土木工程師則是房屋的力學家。

14 仲介拿到Key，不等於他有權賣房子

多年前，我還在從事房仲工作時，曾有一位服務過的客戶氣沖沖找上門來。詢問之下，才知道，原來是他在其他房仲那裡斡旋金都付了，價金也談妥了，居然在簽買賣契約書前的最後一分鐘，屋主卻臨時喊「卡」！

原因是，那位屋主又收到另外一家房仲的電話，表示有買方願意出更高的價金，一口氣多出了三十萬。「真是見鬼了，」那位客戶額冒青筋，「哪有這種事情，說賠我五萬塊，然後就把我看中意的房子賣給其他人。你說說看，有這種事嗎？」

原來，他所找的房仲人員只有獲得屋主的口頭委託，所以一旦有其他競爭者出現，屋主很可能就立刻見風轉舵。

「可是那個仲介有屋主的鑰匙啊，他帶我去看過兩次房子耶！」說到這裡，顧客更是氣得吹鬍子瞪眼睛。

很多購屋者都不知道，仲介有房子的鑰匙，不代表他一定有權賣房

子；沒有獲得屋主委託書的話，屋主可以隨時反悔先前的口頭約定，不論對於價金的金額或成交與否，遇見這種情況，對買方而言，可是一點保障都沒有。

現代人為了省時、方便、安全，或是廣告曝光等原因，通常會將房子委託房屋仲介代為銷售。而委託的方式通常有三種：一般委託、專任委託，與口頭委託。三者各有優缺點，就看屋主怎麼選擇。

所以，下次當房仲帶你去看屋出示房子鑰匙時，你可別因此便認定，對方是百分百擁有權利，可以處理屋主所有銷售的事宜。尤其，當對方要求先支付斡旋金或訂金等費用時，請記住，一定要先停、看、聽。

「停」下來確認仲介是否有獲得授權：進入買賣各項細節討論前，一定要要求仲介提出屋主委託書，看是屬於一般約還是專任約。

一般約表示，屋主委託多家仲介代為銷售；專任約則表示，屋主只委託給單獨一家仲介幫忙處理代銷事宜。專任約自然是對消費者最有保障的一種，可以避免一屋多賣可能延伸的競價問題。最糟糕的狀況則是口頭約，屋主與仲介沒有任何白紙黑字的書面約定，像是走江湖賣藝般，一切任憑一句話；而空口白話，是隨時可以推翻的。

「看」清楚議價委託書或要約書內容：支付斡旋金或任何款項之前，一定要把議價委託書的內容看清楚；若是採用要約書，同樣要把要約書的各項規定看仔細。例如，採用要約書雖然不必先支付斡旋金，但一旦毀約，則依法必須被處以房屋總價三%的罰金，它可不是沒有任何成本的。

「聽」明白仲介的所有說法：消費者購買房屋時，除必須支付房屋價金外，唯一還可以有爭取彈性空間的費用，就屬仲介費了。政府規定，仲介費用不得超過房屋總價的六%，只是這六%的服務費該怎麼分攤，要看買賣雙方成交的意願有多強烈；成交意願愈強的一方，通常愈願意吸收較多的服務費；甚至有時候，會是第三方房仲有最強的成交意願，這時候，都是爭取減低服務費的好時機。

只要拉長耳朵，有時候可以為自己省個幾十萬元都說不一定。

15 看屋中意時，一定要先付斡旋金嗎？

與朋友餐敘時，他提到公司新進一名菜鳥業務員。這位業務所服務的客戶看中了一間房子，要求這位業務員幫忙去跟屋主說。當然，這時業務員也相對的，希望這名婦人能夠先支付一筆斡旋金，好讓他去談談看。

就在雙方洽談的過程中，業務員一時也沒有留意這婦人的意思其實是：「你先拿這筆錢去說說看，等屋主確定了這個價錢後，我再來決定。」不料，屋主很快就答應了婦人的出價，速度之快，讓這名婦人懷疑，是不是自己出價過高了，對方才會一口就答應。所以趕緊向她的業務員表示，經過考慮，覺得不是很划算，所以要放棄這次的購屋決定。

不過業務員告訴婦人，若是放棄這間房屋，那不僅斡旋金收不回來，還必須賠償屋主一筆費用。婦人一聽差點翻桌，到該房仲公司吵吵鬧鬧一下午，最後店經理出面，由於雙方都有瑕疵，最終由房仲人員自行吸收那筆斡旋金之後才算了事。

很多人可能一生中只買過一次房子，很自然在面對金額這麼龐大，影響這麼深遠的購屋決定時，很少有人可以當機立斷說要或不要，總得回家商量，琢磨再三，因此經常產生許多不確定的因素。

為避免消費者「回去考慮考慮」後突然變卦，這才衍生出斡旋金的慣例，一方面好綁住消費者，降低變卦機率；二方面好取得屋主信任，看到斡旋金後便可以確認，確實有個有誠意的買主存在，不單只是隨口說說而已。

除此之外，購屋者通常不會一開頭就同意屋主所開出的價金，所以每當有買方表示中意某間房屋，而需要仲介代為出價時，仲介便會要求買方：「方便的話，請先付筆斡旋金，這樣我們才好去跟屋主商量售價；並且還可以為你保留三天優先購買的權利。」

要特別強調的是，買方一旦付出斡旋金，就表示有購買的意願；而且在付出斡旋金的同時，開出一個「希望的」買價，即表示在這個買價底下，買方已經放棄所有談判的權利與籌碼，也失去拒絕簽約購買的權利，所以房仲在消費者明確的購買意願表示下，才會去和屋主討論價金；但相對的，房仲也必須替付出斡旋金的消費者保留優先購買的權利。

所以當你看中某間房子時，千萬不要以為出價可以隨口說說，反正等到業務跟賣方談過之後，大家才要開始進一步討價還價。因為除非屋主不接受買方的出價，否則，只要屋主點頭答應了，就表示買賣成交，任何一方反悔的話，就必須賠償對方。當屋主點頭後，斡旋金就自動轉成定金，買方若反悔，屋主是可以沒收的；若反悔的是屋主，那麼屋主就必須返還兩倍的斡旋金給買方。

專家壓箱寶

支付斡旋金必須注意的事項

支付斡旋金時，除了買方和仲介必須簽核「意願書」、「議價委託書」或「斡旋金契約書」外，一定要要求仲介提供「不動產說明書」或「標的現況說明書」，否則消費者可能連自己買的是什麼樣的房屋都不甚清楚。

〔專家一點通〕

斡旋金的處理方式

根據業界目前的做法，斡旋金一般有三種處理方式：

1.最常見的是，雙方價格談攏後，斡旋金直接轉為定金，業界稱之為「轉定」。

2.仲介收到斡旋金後，由他們暫時保管，等到買賣雙方簽定「買賣契約書」之後，這筆錢便直接轉為「房屋總價的一部分」。

3.仲介在收到屋主委託時便已獲得授權，一旦買方的出價達到屋主的底價時，便可以直接收定金，不必再斡旋，省去「轉定」的程序，也免得產生不必要的糾紛。

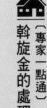

16 要約書比斡旋金有保障嗎？

我女兒有一位十分要好的同學，我和她的父母還算熟識。有一天，女兒同學的媽媽打電話來，請教我一件事，她說，最近又打算換屋，因為之前有一次不好的購屋經驗，讓她損失一筆為數不小的斡旋金，急得問我，聽說可以用簽定「要約書」的方式取代付斡旋金，就能夠防範這種問題再度發生，是不是這樣？

其實，這個說法一半對，一半不對。對的是，若不想一開始就支付斡旋金，確實可以用要約書取代斡旋金。但錯的是，簽定要約書並不能保證不會造成損失，甚至有可能損失得更慘重。歸根究柢，只能自我約束，經過慎思熟慮之後，才能支付斡旋金，或是提出要約書。

要約書與斡旋金規範的所有權利義務，差不多都是相同的，唯一的差別在於，要約書在一開始與屋主議價時，並不需要先繳交一筆類似斡旋金的費用。要約書的費用產生的時間，是在賣方同意買方所出的價金，確定買賣成交後，這時一旦有任何一方反悔時，違約的一方，就必須賠償對方成交價的三%，當作補償。

而不論買方跟仲介簽的是「意願書」、「議價委託書」或「斡旋金契約書」，一定會伴隨著支付一筆斡旋金，讓仲介「以茲證明」確實有買方存在，而展開進一步議價協商。

法律上並沒有規定斡旋金應該是多少，一般都是仲介自行判斷多少斡旋金對他們才是有保障，常見的金額是依據建物的總價收取二%到五%，但多數情形不會多過房屋總價的三%。而且，一旦違約的一方若是屋主的話，因為買賣已經成立，斡旋金已轉變成為定金，屋主便必須賠償定金的兩倍給買方。

在此要特別提醒的是，斡旋金或者要約書都等於是一種出價方式，一旦屋主依照買方的出價承諾出售，契約就立刻生效了，買賣成立，雙方都沒有變更或反悔的餘地，否則就算違約。但只要在屋主表示接受買價之前，這兩種方式都可以——隨時撤回要約或取回斡旋金；或者是屋主遲遲沒有回覆接受，或不接受出價，一旦過了委託期限，那麼要約也就自然失效了，仲介必須返還斡旋金給買方。

當然，屋主對於買方出價的回應，並不是只有「要」或「不要」兩種，屋主若不滿意買方所提出的價金，仍然可以提出「變更要約」，提出第三個價金。這時候球就傳回給買方了，若是買方表示同意的話，同理，買賣契約也是立刻生效，屋主此時若是反悔，同樣必須賠償買方。

專家壓箱寶

使用「要約書」應注意事項

內政部版本的要約書並不是完全沒有罰則，仍然有規定違約者要罰標的物總價的三%。所以買方要特別注意的是，要約書雖然不必先押一筆現金給仲介，但是一旦毀約，依法就是要賠三%。

所以一旦成交，千萬不要違約，否則這項罰則有可能會比斡旋金還重。

17 付出去的斡旋金就要不回來？

我一位同事的妹妹因為太年輕沒經驗，原本想在公司附近買間小套房住，好方便上下班，結果居然吃了斡旋金的虧。

那時她相中景美夜市周邊大樓的一間十數坪小套房，還沒考慮清楚，聽了仲介的不斷催促，一時為保留談判權，二話不說就先付五萬元斡旋金。結果她的公司派令突然下來，必須調往台中分公司，一時亂了手腳，臨時打消買套房的計畫。

原以為，那就快快去仲介那裡把斡旋金拿回來，便可以了事。誰知道，仲介卻告訴她，屋主出國還沒回覆，況且委託期限也還沒到，斡旋金暫時不能還給她。急得同事的妹妹當場掉淚。

其實，不是所有情況付出去的斡旋金都收不回來，這要分好幾種狀況來看。

首先是「期間」。不論是簽定交付斡旋金或要約書，都必須押上委託時間日期，並且清楚訂定要約期間。在這裡所謂「委託時間日期」

指的是「要約期間」，是用來規範合約的效期，一旦過了要約期，要約自然失效，斡旋金也理當歸還買方。但在「要約期間」，只要屋主還沒表示同意買方的出價之前，買方都有權利撤回要約或拿回斡旋金，房仲不應該將「委託期間」當成拖延不還斡旋金的理由。

再者是「屋主回覆」。要約期間內屋主的回覆，足以影響整個要約的結果。屋主若同意買方提出的買價，並簽名認約，買賣契約就立即成立。此時斡旋金就變成定金，所以若買方反悔，便形成違約，定金是要被沒收的。

若是屋主不同意買方提出的價金，但仍願意進一步議價，便可以提出要約變更，另外再提出一個新的賣價，回過頭來詢問買方是否願意接受。如果買方也滿意，那合約便成立；若買方不接受，並表示取消要約，那麼，合約便不成立，仲介必須歸還斡旋金。

但要是屋主一開始便不同意買方提出的價格，並拒絕繼續議價，那麼也就沒有往下談的餘地，要約直接宣告失效，房仲應退還斡旋金。

最後是「買方的決定」。並不是只有屋主可以決定要約的效力，買方一樣有這項權利的。但因為買方是發出要約的一方，所以請務必記住，若想要撤回要約，一定要趕在屋主回覆答應之前，否則一經屋主點頭簽名確認，合約就成立了，斡旋金也轉變成為定金。這時若反悔，定金便會被沒收。

所以，不管是忘記押上時間條件，或改變心意不想買這間房屋，不但要趁早撤回要約，還特別注意要以書面方式通知仲介，且最好是直接寄存證信函，以免惹爭議。請詳見左圖圖解：

要約日起始（自買方簽署「斡旋契約」或「要約書」開始）

1.期間，買方隨時可以主張撤回要約，或者要求退回斡旋金。

2.若要進行上述兩種行為，最好都能寄出存證信函。

屋主（賣方）不同意買方的出價

表示要約失敗，須將斡旋金退回給買方。

屋主（賣方）同意買方的出價

1.屋主（賣方）一旦同意，則斡旋金立即變成定金，之後轉為房屋總價付款的一部分。

2.此時，買方不得要求撤回要約或要求退回斡旋金，否則就算違約。倘若買方反悔不買，屋主（賣方）可以要求買方賠償房屋總價的三%，若已付斡旋金，則沒收斡旋金。

3.相對的，倘若屋主（賣方）若反悔不賣，也必須加倍奉還定金，以賠償買方。

要約日到期

斡旋金失效，必須退回給買方。

▲ 要約書VS.斡旋金

專家壓箱寶

斡旋金轉定後，要注意或完成哪些程序？

1. 斡旋金契約通常有轉定之後，五日之內簽定買賣契約書的約定。所以當你付斡旋金的同時，要確定已經準備好「簽約金」，一般簽約金的金額大約是房屋總價的十%。
2. 為避免仲介從中「假傳聖旨」，誘稱屋主已經答應要賣而產生糾紛，要確認屋主確實已經親自簽名，而不是口頭答應。
3. 斡旋金轉定之後，除非屋主同意暫時由仲介公司保管，否則應該將斡旋金交付屋主，而由屋主簽定「成交確認書」或「定金收款憑證」（收據）。

18 契約標題不重要，內容才是關鍵

有個阿伯到仲介公司想要購屋，在看中某間房子之後，仲介拿出一份「購屋意願書」要他簽字，在沒有細問緣由或細看合約書內容的情況下，阿伯就按照仲介的要求，胡裡胡塗跟仲介簽了字。

結果，等到仲介把他想要「先談看看」的價格去和屋主喬好以後，阿伯卻又表示，那他還想要一坪再降個一、兩萬，才打算真正要買那間房子。

可是仲介告訴他，這樣是不行的，因為阿伯提的買價，屋主已經答應了，若是阿伯堅持取消購買，就必須賠償屋主房屋總價三%的二十一萬元，做為違約賠償。一聽到這個結果，把阿伯嚇壞了，堅持不能接受，只是「出個價」居然要接受這麼嚴重的懲罰。

雙方僵持不下，阿伯表示，看到「購屋意願書」時，心想，沒錯啊，他確實有購屋的「意願」啊，毫不猶豫就畫押簽了字。他原本只是認為，那房子看來不錯，有意思想進一步探探底價到底在哪裡，所

以先丟出個數字，成了的話，要再往下砍一點的。

誰知道可惡的房仲也沒有特別說明，「購屋意願書」其實就等同於「要約書」，只是一派輕鬆的叫阿伯：「那你就在這裡簽個字，我才好幫你跟屋主談。」現在才又回頭來告訴他，上面白紙黑字所寫的單價及總價，就是買方願意支付的金額。現在想再往下砍一點才願意成交，明顯就是違約，按法律規定，就是必須賠償屋主。

那麼，「要約書」就「要約書」，房仲為什麼要巧立名目，硬搞出個「購屋意願書」混淆視聽？

原因就在於，一般民眾對於什麼是「要約書」很難從字面理解，若要解釋起來，又大費周章，所以房仲乾脆弄出個看起來比較容易懂又沒有壓力的名稱——購屋意願書。他們只要問消費者：「想不想買？」如果想買，「那請在這裡簽個字吧。」簽字後若一切如你的意，那就什麼事也沒有，但萬一發現有什麼疏漏或反悔的，可就得自負後果。

重點是，不論仲介拿什麼契約書給你簽的時候，不要只看契約的標題，就「想當然耳」的揣測合約精神，重要的永遠是契約內容，否則很容易被契約的標題所誤導。

例如，有仲介公司就將「專任委託書」換個標題，改頭換面變成「帶看銷售同意書」，同樣讓很多屋主誤以為簽了字，只表示同意讓這家房仲的業務員帶消費者去看房屋以及銷售。殊不知，這一簽就等於簽了「賣身契」，除了這家仲介，不得再將房屋委託給其他房仲帶看銷售。

面對任何契約一定要特別小心，簽字前更是要確認再三，才不會像那位阿伯，只因為錯誤的想像，就得付出昂貴的代價，太划不來了。

專家壓箱寶

合約怎麼簽才有保障？

1. 審閱權：消保法11-1條規定，企業經營者與消費者簽定「定型化契約」前，要提供消費者一定期間的審閱權。因此，如果你不具法律專業，拿到合約後，先不要急著簽約，請教過專家再決定。

2.篩選優質房仲：除了要選擇品牌之外，還要注意這個品牌仲介的口碑，假如常聽到這家仲介跟消費者有消費糾紛，還是敬而遠之。

3.誠信問題：如果發現房仲公司提供的契約內容，有刻意誤導消費者的判斷之嫌，基本上，誠信就大有問題，跟這種公司簽約要小心不要落入「陷阱」。

19 契約審閱期有沒有法律效力？

有一天朋友打電話來跟我求助，說他透過某一家知名的仲介公司，看了一間中和的房子。在仲介的遊說之下當場付了斡旋金，後來他因為某些因素不想買了，在當天下午就通知仲介公司這個訊息；沒想到仲介公司的業務，居然跟他說屋主簽名同意賣了，讓他當場傻眼，這下子，他不知道該怎麼辦？

於是他想到了我曾經跟他說過的「審閱期」這個權利，就向仲介公司主張仲介沒有給他審閱期，因此合約條文不成立，沒想到房仲人員居然跟他說，在他簽定斡旋金的時候，已經勾選「自願放棄契約審閱權」了，這時他才突然想起來，當時仲介人員確實曾要他勾選一個格子，他也沒看清楚就勾選簽字了。

聽完朋友的敘述之後，我告訴他：「安啦！不用擔心，房仲在你不清楚契約內容的情況下，要求你勾選的『自願放棄契約審閱權』是無效的。」

確實，內政部有公告規定，對於預售屋及預售停車位的銷售，必須給消費者五天審閱買賣契約書內容的時間；成屋委託銷售契約則應該有三天審閱期；甚至「斡旋金」契約或「要約書」也都適用這樣的規定，應該有三天審閱期。

消保法**11-1**條的規定，主要是針對企業經營者與消費者之間，所簽定的定型化契約所做的規定，也就是我們常稱的B To C的情況，主要的目的在保障消費者，避免在不知情的情況下，簽了一個不平等合約，損害到消費者權益。

但要注意的是，一般買方在房仲那邊與屋主所簽定的「買賣契約書」，由於買方與賣方同時都不是企業經營者，所以並不適用以上各項有關契約審閱期的規定，雖然現在有些學者或消保團體，也在大力疾呼「買賣契約書」同樣屬於定型化契約，應該適用審閱期的規定。

但事實上，契約審閱期的規定，主要在針對企業經營者主張契約條文無效。因此如果簽定買賣契約之後，再去針對同樣是消費者的買方或賣方主張條文無效，豈不造成交易秩序大亂？所以習慣上，買賣契約書幾乎都是當天簽定，並沒有提供審閱期的。

因此要特別提醒的是，正因為大家習慣上不提供「買賣契約書」審閱期，在簽定契約前一定要再三確認幾項變動項目的正確性，例如總價、附贈的東西、貸款及付款條件，否則一旦簽了名，就必須履約，要後悔也來不及了。

專家壓箱寶

消費者應該放棄契約審閱期嗎？

商場如戰場，仲介為了可以盡快成交，都希望講求效率、省時。為此，造成房仲在與消費者簽定「要約書」或「議價委託書」等契約上，對於「審閱期」的做法衍生許多的爭議。

房仲的做法，從最初在消費者簽字後「房仲再自行回填合約審閱的日期」，到列出選項讓消費者勾選「本人因為充分了解合約內容，所以自願放棄審閱期。」再到要求消費者親手寫下「自願放棄審閱期」等做法，始終沒能有效降低房仲與消費者，針對契約審閱這一項的糾紛。

依照消保法規定，房仲應該提供消費者契約審閱期。但實務上，大家又經常嫌浪費時間，所以不論你要爭取或者放棄契約審閱期，下筆簽字前最重要的一點仍舊是，一定要在十分確定合約內容後，才下筆簽字。

20「定金」和「訂金」，一字之差要人命

有一回受邀演講，結束前的提問時間，有消費者提出問題，一般在房屋買賣上，大家所說的究竟是「定金」還是「訂金」，真是弄得人一頭霧水。

原來這位提問的小姐曾經吃過這樣的虧。因為近期房價漲不停，她在新北市看中某建案，而且當場就下訂四十萬元。沒想到，兩個月後建商居然說他們的房子行情熱到一天之內改三次牌價，當初給她的價格太低，已經造成損失，他們要退還「訂金」不賣了！若是消費者執意不肯放棄，那就必須漲到每坪五十萬元他們才肯出售。

要買一坪五十萬的房子她還真買不起，迫於無奈，只好接受建商的退訂。事後才有朋友罵她，為什麼不問問其他專家或有經驗的人，簡直是吃虧兼上當。

其實，這位小姐根本不必這麼輕易就接受建商的無理退「訂」要求，她當初所付的若是「定金」，建商就不能只是返還四十萬，而是

必須加倍奉還八十萬的。因為「定金」和「訂金」在法律的效力上是不一樣的。

「訂金」的效力取決於雙方當事人的約定。如果雙方沒有任何約定，「訂金」的性質主要就是預付款，如果消費者事後打消購買意願的話，做為預付款的「訂金」理當是可以退還；但如果雙方有其他約定，則按約定處理。

但是「定金」可就不一樣了，它是《擔保法》規定的五種擔保形式中的一種，做為履行合約的擔保。付定金的一方如果不履行合約，是沒有權利要求對方歸還定金的；而接受定金的一方若不履行合約義務，則必須雙倍返還定金給付定的那一方。例如購屋時我們交付給仲介的斡旋金，一旦轉變成定金，賣主若反悔，依法是要加倍奉還做為賠償的。

正因為「定金」與「訂金」擁有不同的法律效力，所以建商大部分都會要求消費者在購屋時簽立「房屋土地訂購預約單」，並支付一定比例的「訂金」，想藉此規避民法上所定義的「定金」，再視房地產景氣伺機漲價。事實上，只要雙方承諾買賣，買方所付的部分金額就是屬於「定金」了，建商一旦毀約，就必須要雙倍返還。

不過法律上也不會只是單看合約上「定金」與「訂金」的一字之差，仍然要回歸合約內容的本質。在此主要是要提醒大家，除了要懂得如何分辨兩者的差異之外，就是要避免因為概念不清楚，而錯失適時保護自己權益的機會，而發生吃虧又上當的情形。

21 自備款的陷阱，往往讓人「錢宅兩失」

我有一個朋友，個性比較衝動，他向來認為，反正房價永遠跑得比攢錢的速度還要快，想買房子的話，其實也不需要多做什麼規畫了，只要準備一筆自備款，其他不足的跟銀行貸款就好。

後來他看中了一間中古屋，負責銷售的房仲業務，了解他的財務狀況仍然跟他再三保證：「只要自備款有了，貸款不會有問題的，我都幫你算過了，安啦！」朋友心想，自備款準備三成，負擔還不算太重；之後七成的貸款下來，每個月的負擔也控制在薪水的三分之一以內。於是，當下就決定買下這間房。

結果令他傻眼的是，銀行貸款核下來時，離他原本想要的七成還有好一段距離。

原來，銀行核貸時，不僅僅會考慮房屋土地價值，還將其他相關的負債，如車貸、保險費等等應繳款項，再加上我朋友手上有五、六張信用卡，銀行也會把提供給卡主的「最高貸款額度」，都當成他的

「可能負債」，一股腦計算進去。這麼算下來，我朋友的還款能力，自然是貸不到原來希望的成數。

由於契約上有一項規定：「若是貸款額度不足時，必須以現金補足。」我朋友跟老婆商量之後，不想因為自備款不足而違約，只好去跟親友緊急調頭寸，咬著牙硬撐下去。

沒想到，屋漏偏逢連夜雨，朋友的太太遭到公司解雇，全家收入頓時少了一半，從原來每月近八萬元，只剩下五萬塊不到。但固定還給銀行的貸款不能停，這下子我朋友每個月的收入，恰恰好一半全部進了銀行的口袋，全家生活費，還有讀國小的兒子的學雜費，全家人每月靠著不到二萬五的收入過生活，頓時經濟緊得快喘不過氣。

我朋友因為簽約時沒有看清楚合約條款，衝動買了房子，弄得基本生活品質都變差，狼狽不堪，一直到他老婆找到新的工作，才重新回到原來的生活軌道。

朋友的慘痛經驗可以提供給大家參考，當你想要貸款購屋，那麼在簽定買賣契約時，務必留意並仔細評估自己的經濟能力，如果必須靠一定成數的貸款才能買得起房子，這時候你就要特別注意契約上「若是貸款額度不足時，要以現金補足。」這一項風險，要將它修訂為：「若是貸款額度不足時，可以允許買方取消購買。」或其他類似約定，對於保護自己的權益是比較有利的。

千萬別以為，反正制式合約大家都這樣簽了，房仲也再三保證過了，而自己現階段的收入也還穩定，應該不至於有什麼意外發生才對。然而事實證明，向銀行核貸的過程中，會有太多你想像不到的變數突然跑出來，給自己預留一些空間與彈性，才是最聰明的消費者。

專家壓箱寶

除自備款外，還必須準備哪些現金？

中古屋：

1. 較大支出項目，包括契稅（契價×稅率）、成交價百分之一至二的仲介費、代書費等，基本上這三項加起來，就大約要佔房屋總價的百分之三。

2.裝修、管線翻新等費用，加上如果房子需要裝潢，現金預算起碼應再多出一成。

3.家具及家電，現金預算起碼應再多出幾十萬。

所以算算，最好還是以房屋總價的兩成為準備金較為妥當，因為很多預算會再追加。

4.如果你現在的房屋是租的，最好還必須準備一筆稍微寬裕一點的周轉金，以備過戶裝潢期間，支付租屋所需，大約需要準備三至六個月的房租費等。

預售屋：

除上述應準備的現金外，還須增列以下預算：預繳管理費、管理基金、瓦斯配管費、印花稅、外接水電管線費等支出。這些都是交屋前就應繳清，總計大約要花上十萬至二十萬元。

22 魔術空間挑高樓層，只是魔術，不要當真

同事小陳的女朋友，雖然資金不是頂寬裕，還是希望買一間屬於自己的房子，一圓有殼的夢想。

她到處去參觀樣品屋，後來看到一戶號稱「挑高四米二貴族精選」的樓中樓套房，興奮得當場下訂，開始做起「夢幻閣樓」的美夢。

好不容易等到房子蓋好交屋，才知道，原來當初若想要加蓋夾層的話，應該先和建商在房屋買賣契約之外，另外再訂立一張「委建契約」，讓建商在完成「二次施工」的夾層後才交屋的，如此一來就可以省下事後許多麻煩。

錯失第一次蓋夾層的機會，同事女友只好另外找土木師傅，還得多花好幾十萬的施工費。這還不打緊，開始施工設計時才發現，原來挑高其實不到四米二，只有四米多一點，夾層打算要當作閣樓使用的夢想也落空，變成收納雜物的儲藏室。這個轉變，讓小陳女友愈住愈不開心，不多久就託房仲把屋給賣了，打算另築新夢。

為吸引顧客上門，房仲業者經常會以文字遊戲營造大空間的幻象，例如打出「魔術空間創造超大空間。」的口號，暗示消費者以十多坪的總價，賺到二十來坪的空間。這些「魔術空間」的背後，指的就是我們常說的「夾層屋」。

其實，要怎麼創造「夾層」，關鍵就在房屋的高度。所以這類的建案一定會伴隨著「挑高四米二」、「挑高四米五」的高度空間，以模糊大家對於小坪數的拘束感。

購買夾層屋時，有幾點必須考慮清楚才好下手。首先是，夾層的實用性高或不高？這類房子大多坪數不大，才會需要靠高度隔出夾層，創造更大的空間，一般大多適用單身貴族，或人口簡單的家庭。

二來是，夾層屋一定跑不掉一筆裝潢施工費用。所以需要核算一下，加上這筆預算之後，買夾層屋是否仍然划算。

最後是，二次施工的問題。因為二次施工大多屬於違建，會不會因此觸犯建築法被提報拆除，雖然實際發生的案例並不多見，但仍是一個隱憂，總教人無法百分百放心。此外若遇到技術不佳的設計師，還可能因為設計不當，造成夾層無法充分運用，反而浪費了為夾層屋高度而多付出的費用。

購買夾層屋時，因為這類房屋都是愈高價格愈貴，記得要把因挑高增加的房屋總價，和二次施工費用加起來，核算核算，才能確定這個「購買小坪數創造大空間」的算盤，究竟打得精明還是胡塗。

〔專家一點通〕

什麼是「二次施工」？

所謂二次施工，通常是指，建商設法變更房屋的主要構造或位置、增加高度或面積、變更建築物設備內容或位置等。

事實上，以上這些都有觸犯建築法規的嫌疑。建商為了爭取消費者青睞，但又必須規避相關單位的查緝，所以大多在第一次施工申請報驗之後才動工，因此才被稱為「二次施工」。

最常見的就是在建築物取得使用執照後，還沒有正式交屋給買主前的這一段時間，進行陽台外推、增加夾層、獎勵停車位空間增加容積率等施工。

23 仲介公司履約保證，就等於「交易零風險」？

最近跟開房屋仲介公司的友人，聊起一個案子。

多年前我還在這家知名品牌仲介擔任顧問時，有位想要買房子的客戶，到這間房仲公司看物件，邊看邊向業務人員抱怨，說其他家房仲紛紛喊出「產權七審」、「交易零風險」的服務，還大聲質疑我朋友的這家公司一定做事不夠細心，不懂得要見賢思齊。

公司業務跟他解釋，那些大多只是廣告噱頭，還是實質的服務比較實際。但是那位客戶卻怎麼也聽不進去，後來執意委託別家宣稱有提供「交易零風險」的知名房仲替他服務，也順利買了一間兩層樓的透天厝。

沒想到，幾年後，那位客戶再度出現，直說後悔當初沒有聽公司業務的勸，原以為提供「交易零風險」的公司一定比較審慎，結果誠信卻大有問題，這位先生欲出售多年前透過這家知名房仲購買的房地產，卻驚覺二〇〇八年九月北市府已公告該筆土地，從住宅用地變更為公園預定地，不得轉售。經查發現購屋前兩年，市府就已公告該處恐變更都市計畫案，房仲公司卻未告知，現在他只能等市府徵收，粗估損失約七百多萬元。更氣人的是，他向總公司投訴，沒想到總公司還辯稱，客戶購屋時此變更案還未通過，仲介認為有變數才未告知。

其實，一般房仲人員在接到賣屋Case的第一個動作，就是要先去確定產權，任何一家房仲公司，都會擔心賣到產權有問題的房子，如假扣押或是已經查封的房子。清楚的產權，是房屋買賣的第一個要件。所以，唯有產權確認了之後，房仲才會開始進行仲介銷售房屋的相關作業。

一旦仲介成功，買賣成交後，後續的相關作業，便交由代書接手處理。代書在接手房屋買賣之後的第一個動作，仍然是去相關單位調閱房子的最新謄本，再度確認產權之後，才能進行過戶點交等流程。

在這些過程中，「產權幾審」其實是隨人喊的，想喊多少次，就可以多少次，八審、十審、十二審，要加入幾手審核產權都沒有問題，舉凡經手的業務員、經紀人、店長、代書、產調專員等，甚至秘書小姐核對文件資料，也都可以算為一審。

所以，最重要的是房仲公司以及業務人員的服務品質，千萬不要被一些促銷手法所迷惑。

專家壓箱寶

風險大更應講

愈是不確定的資訊，風險就愈大，房仲業者更應告知買方。為維護消費者權益，依《消保法》規定，業者應提供充分與正確的資訊，好讓消費者採取合理的消費行為，以此案例而言，就算購屋前兩年，該筆土地還未通過變更為公園預定地，但市府卻已經公告此案，仲介就應告知消費者有此可能性，好讓消費者考量其風險，再決定是否購買。

因此，產權經過幾審固然重要，消費者自保的意識更重要，除了看清楚產權調查的資料之外，也可以到各縣市政府的都市計畫處，查詢相關都市計畫變更資料。

24 「可使用坪數」不等於「所有權坪數」

鄰居女兒大學畢業不到十年，就有能力在新店附近，買下近四十坪的房子。不過隔不到一、兩個月，又聽說她才買的新房子突然縮水了近二十坪。

原來鄰居女兒買的是十年不到，算還滿新的一樓中古屋，當初就是特別中意屋後有一大片空地的「可使用坪數」，才又超支購屋預算近五十萬，買下那間一樓，準備拿來創業，開間小小的托兒所，讓小朋友可以有個活動的空間。誰曉得才開始裝潢設施到一半，里長就來拜訪，表示那塊空地是國有地，她不能擅自佔用，否則可是會給自己找來大麻煩。

這一發現，氣得鄰居女兒找仲介抗議，但仲介表明，前任屋主原先確實有在使用那片空地，所以當初他們跟鄰居女兒強調的是「可使用坪數」，並沒有誆稱是「所有權坪數」，所以不能算業務上有瑕疵。

最後，鄰居的女兒沒辦法，只好自認倒楣，連同創業的計畫也一併就此打住，以後再做打算。

通常屋主或房仲會特別強調「使用坪數」的大坪數空間時，用意經常是要以此來模糊消費者對「所有權坪數」的注意。使用坪數絕對不等於所有權坪數，尤其是使用坪數與所有權坪數相差過多的房子，十之八九都是包含了相當多的違建，購買這種房子的消費者，要有「可使用坪數」隨時會被檢舉拆除的心理準備。

就像鄰居女兒的案例，因為誤信「可使用坪數」是自己可以使用的，所以多花了冤枉錢買下看得到卻用不到的空地。遇到這種狀況，最聰明的辦法是去地政機關調閱相關的文件，例如「地籍圖」，才能確保自己沒有在不知情的情況下，誤佔用了國有地，或是其他人的私有地。

事實上，內政部對於房仲業的銷售廣告用詞，早已規定不可使用所謂的「使用坪數」、「受益坪數」等未經定義的名稱，以免造成消費者混淆。

除此之外，對於預售屋「所有權坪數」的認定，民國一〇〇年五月一日內政部也公告實施新的規定，預售屋的屋簷以及雨遮將不能再計入房屋的「所有權坪數」，向消費者索取與室內主建物一樣的每坪價格，造成大家得花大筆冤枉錢買一堆「虛坪」。曾經就有政府官員以「草繩跟螃蟹怎能一樣價錢」打比方，指出建商將屋簷、雨遮等附屬建築物，向消費者收取與室內主建物同樣的價格，其實是相當不合理的。

預售屋買賣的時候，一般以土地、房屋，以及車位等三大部分的合計價款，做為買賣的總價。其中，房屋價款主要又以主建物、附屬建物、公設等三者計算總價。屋簷、雨遮通常只是為了美觀，所以建商不能要求消費者付費購買，但是建商仍然必須負有「瑕疵擔保責任」，若屋簷、雨遮因施工不良導致破損、磚塊掉落等，還是得負起維修責任的。

專家壓箱寶

最容易被灌進「可使用坪數」的六大項目：

常見的共有六項：

1. 頂樓加蓋
2. 未合法登記的夾層
3. 增建的露台設施
4. 防火巷
5. 佔用國有地
6. 佔用法定空地

25 你的房子真的附有停車位嗎？

我有位學員首次購屋，他在蘆洲看中了一間相當滿意的房子，原本就沒什麼經驗的他，當房仲告訴他，含停車位的房子附加價值較高，房屋總價勢必要比同棟其他樓層的房價來得更高時，他一心以為，雖然房屋總價高一點，但能夠擁有一個停車位，在都會區其實是挺划算的，所以已付了斡旋金正打算簽約，完全不知道裡面大有文章。

你常常會在房仲公司的網路或DM中，看到「含車位」的廣告，但一般消費者很少去注意，這所謂的「含車位」，究竟是「固定使用」的停車位，還是必須定期「抽籤決定」的停車位，甚至於根本就是佔用「法定空地」或是「道路用地」的車位。

就像我的這位學員，他從頭到尾都沒有搞清楚過。等到要簽買賣契約時，才驚訝發現，原來自己不見得有停車位可以使用。按照他們那棟大樓「住戶規約」的說明，這些住戶的停車位，是必須抽籤使用的，唯有運勢比其他人更旺的住戶才可以用得上。

事實上，這位學員要一直到來上了我的課才發現，原來即便當初買到的房屋確實有附屬停車位，也不能就以為從此「一切安啦！」最後你還是必須搞清楚，所謂的「車位」，它的產權屬性到底是哪一種型態？免得花了錢卻變成冤大頭。

專家壓箱寶

常見的停車位產權型態

常見的停車位大約有下列幾種型態：

1. 擁有持分產權以及所有權狀的：這類停車位大多數是建商增建的車位，或是獎勵停車位。因為有所有權，所以可以單獨出售，購買的產權、坪數和價格都相當清楚。

2. 車位登記在附屬建物中：這類停車位可以單獨計算車位面積以及所有權，但必須隨同主建物一起移轉，不能單獨出售，價格也包含在總價當中。

3. 車位登記在公共設施當中：這類停車位是由全體住戶共同持有，這種車位有所有權，但沒有權狀，若又重複出售使用權的話，就造成有產權卻沒有使用權的狀況。計入公共設施的車位，又可以細分成以下三種狀況。

(1)計入「小公」者，可以分別算出各住戶持分的車位面積，車位價格和建物是分開計算的。但民國八十年之後申請的建照，法定停車位都必須登記在公設裡，必須隨同主建物一起移轉，不能單獨出售。

(2)計入「大公」者，不能單獨計算持分面積，車位面積和總面積合併計算，價格包括在房屋總價中。

(3)計入公共設施，由全體住戶共同持分，車位有產權但無權狀，且必須由住戶排隊或定期抽籤等方式，取得使用權。同樣的，車位價格也已經灌入銷售價格中。

26 小心，一個車位卻要你付兩次錢

幾年前我曾到一個預售屋工地看建案，由於這個建案的平均單價，比附近的其他建案低了將近一成，引起我的興趣。到了現場，銷售小姐告訴我，房屋總價八百萬，外加一個車位八十萬。所以，總共是八百八十萬元。

由於當時還是預售屋，理所當然討論房屋價格時權狀還沒出來，所以我故意問銷售小姐：「車位有權狀嗎？」

她回說：「有啊。」

我再問：「是屬於公設還是獨立權狀？」

然後銷售小姐故意繞個彎回答：「是法定停車位。」

看來這位預售屋銷售小姐有意混淆消費者的判斷，故意丟出一個專業術語，不懂的人就被她唬弄過去。

當下我決定跟這位銷售小姐小小周旋一下，讓她知道，不是所有

消費者都可以隨便欺負的。我告訴她：「既然是法定停車位，那就表示，我在房屋總價中明明已經透過公設坪數分攤了停車位的金額，為什麼還必須額外再支付八十萬元？」

那位小姐一聽，發現撞見了行家，臉雖然一紅，卻還是想繼續往下硬拗：「可是你只要再加八十萬元，就可以買個使用權啊，這個停車位日後就一定是給你使用的啊，而且這個停車位以後如果不用，也可以把權利賣給別人，當成投資也很好。」

聽見銷售小姐還是這麼不誠懇，我當場臉色一沉，二話不說轉身就走人，留下那位銷售小姐一臉錯愕，在我身後不斷追問：「先生、先生，怎麼了嗎？停車位價格還可以再商量啊。」我猜，她不可能不知道自己是為了什麼而得罪了顧客。

車位是房屋總價三大要素之一，特別是幾個大都市，停車位都是一位難求，所以在建造大型建物時，法律上會要求建物必須包含一定比例的停車位，稱為「法定停車位」，由住戶共同分攤，攤計在公設之內。由於停車位的分攤已經計入房屋總價，所以在購買停車位時，要特別留意，是否有被重複計價。

事實上，當你在購買房屋時，車位所分攤的坪數已經被計算進房屋總價內，如果再另外支付高額價金購買停車位，這個停車位等於被重複計價。

特別提醒讀者，「法定停車位」必須隨主建物，也就是所謂的「專有部分」做移轉，它是不能單獨買賣的，也不可以轉售給區分所有權人以外的人，當然也不可以設定專用權給區分所有權人以外的人。因此，法定停車位是不具投資效益的，如果你想「自用」兼「投資」，這種期待是不會實現的。

所以看到房屋廣告的「含停車位」，不要急著高興，一定要先弄清楚產權的歸屬，以免日後徒增許多困擾與爭議。

〔專家一點通〕什麼是「約定專用」？

「約定專用」是指：公寓大廈共同部分經約定供特定區分所有權人使用者。

意思就是，將原本屬於住戶的「共用部分」，透過約定，轉而授予某特定或部分特定的「區分所有權人」專用。

一般常見的是，將公寓大廈部分外牆面及屋頂部分，設定為約定專用做為廣告物懸掛之用，有的則是將部分停車場設定給特定人專用。

所以很顯然的，若是購買前手擁有約定專用的房屋，不見得這項約定專用對你也同樣可以生效。

27

有停車位，並不表示你可以停車

多年前我曾經去看一間待售的房屋，屋況、環境都還算OK，屋旁還劃有專用的停車位，我看了相當滿意。不過，多年的經驗告訴我，買房子總是要多看幾次，看看不同時間的屋況，以及周遭環境的變化。

就在我第二次造訪那間屋子時，屋主的停車位剛巧空出來了，於是我就準備把車停進去。但卻發現就在我要停的車位旁邊，鄰居也停了一輛車，由於車身沒有停好，稍微偏到我要停的停車格內，加上我的車子比較大，技術還算不錯的我，還是花了一番工夫才停妥。

我下車察看了一下，剛巧遇見一位婦人走過來，翻弄整理一下曬在隔壁車位車頂上的菜乾，我乘機請那位婦人幫個忙，以後停車請留意，要把車身打直，不然我真的很難停進去。

沒想到這位婦人卻是什麼話也不說，給了個難看的臉色後，轉身就走人。看到這情景讓我不禁遲疑起來，設想日後若果真和她做了鄰居，這種狀況一再上演，豈不就算有停車位也沒得停車。

為了慎重起見，我隔了幾天又再度去一趟。

這一回，那位婦人的車停得更誇張了，已經是近半個車身跨到我要停的車位裡了。更離譜的是，這位婦人就在附近遛狗，看到我要停車，看了我一眼之後，便頭也不回的走了。看到這種情形，我徹底放棄了。想想看，若勉強買下這間房子，一天到晚要跟隔壁鄰居搶時間，看看誰能先停好車子，搞不好三更半夜還要擔心車子會不會被A到，還是被刮花，那種精神虐待，大概換成是誰，都承受不起吧！

雖然我最後打消念頭，沒買下這間房子，看起來好像損失並不大，但那是因為我不厭其煩多跑幾趟才發現問題，否則房子買下去，平白損失一個停車位的價金。這還不打緊，天天提心吊膽停在門外的愛車，才是最不划算的。

所以要提醒所有讀者，買房子是人生大事，寧可事前多跑幾趟，花一些時間確定房屋狀況，不要等到問題發生了，才花更多時間力氣去協調爭取，那可就得不償失了。

專家壓箱寶

廣告上「門可停車」是指什麼樣的停車位？

房屋廣告單上的「門可停車」，其實只表示「門口可以停車」的意思，並不表示房屋配備有合法的停車位。

廣告上含糊的説法，純粹只表示房屋前恰巧有一塊可以停放得下車輛的空位，然後挪來做為非法停車位使用。除非你打算當路霸，否則，千萬可別設想，那是那間房屋專屬的停車位。

〔專家一點通〕

停車位的產權及類型

除了前面第二十五篇的產權說明之外，還要提醒讀者：

1. 車位高度及大小：現在休旅車風行，太低的車位尤其是機械式車位，通常高度不夠，正常車位最少應該一．八米以上，才是比較保險的高度。
2. 深度及位置：譬如管線間位置之前的車位，通常深度比較不夠，車身太長會停不進去。
3. 轉彎處，梁柱間的車位，要注意停車及倒車的角度及動線。

28 新屋裝潢前，要小心的陷阱

有次我去找一個認識很久的朋友，閒聊中，他提到親戚在淡水買了間房屋。開始進行裝潢時，恰巧遇上梅雨季，裝潢過程中只要遇到雨下得大一點的時候，屋角就開始漏水。為了處理漏水問題，他的親戚只好暫停施工，然後要求原屋主過來查看屋況，要證明漏水問題與施工無關，並且要求屋主也必須負責修復。

但幾次電話溝通都無效，他的親戚一氣之下，向屋主提出解除契約的要求，然後通知房仲，要求退還服務費。但房仲一再強調，當初屋主就是因為「房屋本來就漏水，也不想處理。」大家都溝通清楚了，所以才賣得那麼便宜。房仲與屋主一致拒絕買方提出的要求。

朋友的親戚回頭仔細查看「不動產標的現況說明書」，發現屋主根本沒勾選屋況中有漏水一項，也沒有簽字。結果，房仲與屋主口徑一致，咬定「房屋本來就漏水」且「買方早知道」。就這樣，房屋漏水究竟是交屋前還是動工後才發生的，根本成了羅生門。

按照國人的一般習慣，搬進新家之前，很少有原封不動就原屋照住的，多多少少總要按照自己的喜好，或者生活習慣，改變一下房屋格局，或者重新裝潢。

這樣一來，動工之後發現的滲漏水，究竟是交屋前留下來的老問題，還是整修裝潢時造成的後遺症，光是認定問題的病灶，恐怕就很夠大家吵個沒完沒了。

所以，為了自保權益，要特別注意：

首先，簽定「要約書」或支付斡旋金之前，一定要詳細看清楚「不動產說明書」，特別是其中的「不動產標的現況說明書」內容，確認屋主是否有清楚勾選屋況；如果發現房屋有漏水問題，那麼便要確認是否要「現況交屋」，還是屋主願意「修復後交屋」；若是要以現況交屋的話，房價理論上應該要有更大的議價空間。

此外也一定要確認，屋主是否有簽字；有簽字，就表示屋主將對屋況的所有問題負起全責。

再者，若是在無法確認是否漏水的情況下，例如我們先前談到的，如果房仲取得的只是屋主的一般委託，那麼便很有可能在簽定「要約書」或支付斡旋金之前，是拿不到「不動產說明書」及「不動產標的現況說明書」的，那麼這時候就可以在簽約時，仔細詢問房仲有關屋況的所有問題，並且錄音存證，免得日後無從對證。

最後，只要做到以上幾件應注意事項，若還是出現問題，那麼便是房仲未盡調查及告知的義務，就不是只退還服務費可以解決問題的，還必須負起損害賠償的責任。

29 借屋裝修問題多到剪不斷、理還亂

我有位朋友，就怕一不小心買到漏水屋，到時候會求償無門，所以特別找了一家有提供漏水保固，而且相當知名的房仲公司，協助自己找到適合的房子。

買賣成交之後，朋友向屋主借屋裝修，宅妝師傅的工夫很厲害，讓二十幾年的中古屋看起來煥然一新，朋友開心得不得了。沒想到一次颱風過境，漏水問題竟然整個浮現出來。

朋友雖然感覺很糟，但所幸當初早已考慮到這樣的風險，也還慶幸自己找了有漏水保固的房仲公司，算是不幸中的大幸。所以，朋友趕緊去找房仲人員，希望他幫忙處理。

不料，房仲卻要求我朋友先與屋主確認，漏水問題究竟是交屋前，還是交屋後造成的。但前屋主堅稱，他住的時候根本沒有漏水問題。

聽到前屋主這麼說，讓朋友非常生氣，怎麼可以只憑一句話就把責任推得一乾二淨。於是決定暫時停止繼續付款，同時轉而向房仲要求

履行「漏水保固」的承諾。誰知道房仲藉故推託遲遲不肯答覆，最後甚至翻臉，表示如果朋友再不付尾款的話，屋主是可以告他違約的。

朋友和房仲業務鬧得不可開交，最後驚動了店經理出來，半拜託半威脅的說：他們公司的漏水保固，是在「交屋後」才開始生效的，所以如果買方拒繳尾款，造成房屋無法點交的話，公司就算有心服務消費者，也無法提供「漏水保固」喔。嚇得朋友只好繼續乖乖繳款，以免讓自己陷入兩難的窘境。

事實上，朋友最終還是沒能獲得房仲漏水保固的救濟。問題仍舊是卡在，無法直接證明漏水是前屋主留下的問題。

其實如果朋友那時候找我商量，或許可以建議他運用提存尾款至法院的方式，增加一點爭取協商或保固的時間，同時又不致違約。因為若是時間再寬裕一些，或許可以找到證據證明漏水是前屋主留下的也說不定，如此一來，不但屋主便須負起「物的瑕疵」的擔保責任；且由於房仲輕易接受前屋主的說法，故而也有未善盡調查責任及義務而造成「業務瑕疵」。

如此一來，不但增加求償以及獲得保固的機率，更可以減低不斷付款，但後來決定放棄權利主張所造成的損失。

要提醒各位讀者的是，其實大家都可以很清楚從這裡發現，房仲的「保固條款」，很容易就可以在關鍵點上設幾個路障，讓保固形同虛設。因為這裡有一個很大的盲點，或者我們說是爭議點也可以，那就是：一旦消費者接手房屋進行裝修工程，之後再要來追究漏水問題的責任歸屬，就會困難多多；有時候連想要自力救濟暫停交付尾款、降低自己可能損失的空間都不多。

專家壓箱寶

房仲什麼漏水都保固嗎？

消費者經常會誤以為，任何情況下房屋漏水，只要有標榜「漏水保固」的房仲公司，他們都會負起保固責任。

其實，所謂的「漏水保固」都有許多限制條件，以下幾項是常見的「排外條款」：

1.交屋前已存在的滲水、漏水情形，應由賣方交屋前修復者。

2.因公共設施或歸屬第三人之情形，例如：樓上水管破裂所導致的滲漏水。

3.買方自行增建、改裝或裝修工程，或加裝給水設備引起者。

4.買方未付服務費，或交屋後服務費尚有餘額未清者，不適用。

當然，有些房仲還有針對屋齡等其他不同的限制條件。消費者在決定簽定要約書或支付任何款項前，一樣要把這些相關的規定弄清楚，才不致因為一心相信房仲的漏水保固，而輕忽了房屋漏水的可能與檢查，等到問題真的發生了卻求償無門。

30 漏水保固，直營和加盟的定義不同

漏水問題的糾紛相當多，我還見過另一個有關漏水保固的案例。

有一名消費者想在桃園買間房屋，同樣也是因為相中了某大知名品牌公司有附帶提供「漏水保固」的服務，所以，毫不考慮就決定透過這家仲介公司購屋。

很不幸的，這名消費者才住進去沒多久，就發現房子有多處漏水的現象，他又氣又急，一通電話馬上打去跟他的業務員抱怨，同時希望業務員可以幫忙處理漏水的問題。結果，業務員卻一直跟他說：「那是台北的直營店才有『漏水保固』，我們是加盟店，沒有提供這項服務啊！」

這下他胡塗了，明明就是同一家公司啊，連招牌的顏色都一模一樣，什麼叫作「台北直營店有」、「我們桃園加盟店沒有」，這究竟是什麼意思？這名消費者一時無法接受業務員的說法，在電話裡咆哮起來。

業務員也不甘示弱，在電話另一頭就槓了起來：「你去查查看啊！他們公司登記的名稱，跟我們公司登記的名稱是不同的，怎麼會是同一家公司，你說啊！』業務員火氣一上來就消不下去，甚至還跟他嗆聲：「你的問題，就算是『直營店』也未必能負責，你究竟搞清楚了沒有啊？」

這是一個非常誇張的「保固路障」，一般消費者買賣房屋的經驗一定都相對不足，只要稍一不注意，就會漏掉房仲的這項規定訊息。明明廣告都做得這麼大，幾大安心保固的口號，也一天到晚掛在業務員的嘴邊，但出了台北市不適用就是不適用，你跟他們吵也沒有用。

再次提醒讀者，房仲提供保固的服務，當然是所有消費者所樂見的，但不要過度依賴或相信可以輕易從此獲得救濟，而輕忽了對屋況的小心觀察與確認，該拍照的、該錄音的，一樣也別偷懶，一樣也別嫌麻煩。

畢竟，許多房仲的保固規定中，都還有金額的限制，常見的是一萬元以內以及三十萬以上的修漏費用，可還是得由買方自付的；更有甚者，有房仲要求，修護漏水所採用的建材、顏色、規格等，還都須由房仲選定。關關卡卡、條條框框，說真的，消費者若真以為能那麼容易獲得保固的話，可能會大失所望。

專家壓箱寶

漏水怎麼保固才安心？

漏水問題一直是房屋消費糾紛的榜首，與其花太多時間跟房仲業討論「漏水保固」的枝枝節節，或一味相信仲介公司的「漏水保固」宣傳噱頭，倒不如在簽約前要求仲介公司提供「漏水檢測」。

目前有一些優質的仲介公司與這種「漏水檢測保固」公司有配合關係，也會直接提供這項服務，由測漏公司提供保固，比要求仲介公司履行「漏水保固」服務，要來得直接有效率的多。

31 海砂屋輻射屋，仲介敢保證卻沒責任

很多消費者以為，房仲公司打出「提供輻射、海砂屋檢測」的口號，就表示房仲業者在接受賣方委託之後，到交屋給買方前，便已經完成建物的輻射，以及海砂檢測。所以，房仲介紹的房子只要標榜「提供輻射、海砂屋檢測」，應該就都沒有問題。

就曾經發生過有人用很便宜的價格，買下房子之後，邊看電視，竟然邊聽到天花板上有東西掉落的聲音。初期不以為意，過一陣子，竟然轟的一聲，一大片東西重重撞擊天花板，這才驚覺不對勁。於是，撬開天花板一看，差點暈倒，家裡的屋頂，水泥剝落一大片了，整個生鏽的鋼筋都裸露出來。

於是才趕緊找來相關單位檢測，發現房屋的氯離子含量高得驚人；更恐怖的是，這間近二十年屋齡的中古屋，鋼筋骨架已經毀損得非常嚴重，恐怕會有倒塌的危險。

那位買方一狀告上法院，法院判決原屋主必須以原價將房屋買回，

原因是房屋已經毀損致無法住人，但原屋主卻在未誠實告知的情況下，轉手賣給其他人。不過，這是非常少見的案例。

實際上，輻射屋近年來在台灣已經非常罕見；而海砂屋的檢測，通常是無法做到在交屋前完成的，因為必須在牆上打三個洞抽樣水泥檢體，檢測水泥中氯離子含量的多寡，若非已經完成產權移轉給買方，原屋主不會同意房仲在他們家的牆上鑽洞取樣的。若想透過徵詢屋主的保證，以確保房屋安全的可能性也不太高，因為很多時候是連屋主自己都不清楚，自己的房子是不是輻射屋或海砂屋。

所以即便房仲打出「提供輻射、海砂屋檢測」的口號，強調買方若發現建物為輻射屋或海砂屋，分別有不同的賠償救濟方法。但實際情況是，只要不是嚴重到像上述案例，屋況已經危及人身安全，無法居住，你可能拿到的賠償，算一算，差不多就只是房仲公司把仲介費吐出來而已。

因為如果是海砂屋，屬「物的瑕疵」，責任在賣方，必須先向前屋主追討，這在房仲公司的辦法細則中都會有但書，例如：「適用原價承購之條件，以買賣雙方未能達成解約協議，並經法院判決解約確定，而賣方不履行購回時為限。」

所以千萬別錯誤解讀房仲的保固條件，以為房仲會在一開始就把問題承接下來，買方仍舊必須自己上法院打官司。只有在法院判決確定原屋主必須原價購回的情況下，但原屋主又不願意履行判決時，房仲才會「代位求償」，先將屋款還給消費者。

要再次提醒大家，法院判決原屋主必須原價購回，不是因為買方買到「海砂屋」，而是因為那間房屋已經成了危樓，不能住人。這兩者之間的差異，一定要分清楚。

專家壓箱寶

如何鑑定海砂屋？

事實上，我們的建築法或CNS國家標準，都沒有説清楚海砂能不能用於建築，或使用多少比例以上不合乎安全規定。

所以，目前並沒有真正標準的「海砂屋」定義。因此當我們看到許多相關的文宣資料，並不能直接説是「海砂屋」，而是稱其為「高氯離子建物」。因為當混凝土中的氯離子含量超過一定值時，鋼筋會開始腐蝕而體積膨脹，導致混凝土龜裂，甚至剝落。所以現在沒有「海砂屋」的鑑定技術，只有混凝土中氯離子含量的檢驗技術。

PART 2

賣屋時，如何破解房仲的「話術」和「詭計」？

32「帶看銷售同意書」等於「專任委託銷售契約書」？

某次到桃園參加朋友的喜宴，席間與一位賓客林先生閒聊，對方聽說我在房仲業授課，就開始抱怨起來，直說房仲業不誠實，欺負他們這種老實人。

原來是這位林先生有天打算賣房子，由於自己很忙又不懂得要如何賣房子，於是打算委託房仲幫他賣屋，當時業務員在稍微了解房屋現況後，便拿出一張叫作「帶看銷售同意書」的契約，要求屋主簽字。屋主隨意看了幾眼之後，便請業務員解釋一下合約的內容。

沒想到業務員只是輕描淡寫的說這是法律規定的喔，若是屋主沒有簽同意書，請我們帶看銷售他們房子的話，我們是沒有權利帶買方去看房子的。所以，要麻煩你在上面簽個字。

就這樣，屋主簽了字。一晃眼，兩個月過去，卻完全靜悄悄沒啥動靜。屋主感到有些急了，於是去找第二家房仲，想說多一家來賣，增加一點售出的機會。

果然，第二家接手才半個多月，就聽到有帶了兩、三組買方去看房子。其中一人看過之後相當有興趣，於是付了斡旋金讓房仲來找屋主談價錢。由於對方出的價格還算不錯，很快的，屋主就同意買方所出的買價。

於是屋主打電話給第一家房仲，通知他們不必再幫他賣房子了，他已經自己處理好房子銷售的問題了。

第一家房仲一聽，趕緊跟屋主說明，這樣私自處理房屋銷售的事情是違約的，若是房子已經賣掉的話，那四％的服務費他還是得支付。屋主一聽相當憤怒，大罵房仲是土匪。明明房子是他委託第二家房仲才賣掉的，服務費當然是付給第二家房仲，哪有付給第一家房仲的道理。

為了搞清楚狀況，屋主打電話給第三家房仲，打探第一家房仲所說的，究竟是真是假。

其實，部分業者使用的「帶看銷售同意書」，內容暗藏玄機，仔細推敲它的條文，就跟一般所謂的「專任委託銷售契約書」沒兩樣。

事實上，現在很多屋主不願意簽「專任委託銷售契約書」，出發點不外乎不想給合約綁死了，而仲介公司也很聰明，抓住了屋主的心態，刻意以軟性的名稱當成契約標題，誤導消費者以為它只是「同意仲介帶看」而已，沒什麼了不起。

所以，這位屋主因為沒有詳細閱讀「帶看銷售同意書」的內容，以及相關的權利義務，就貿然以同意書的名字，誤解合約精神而簽了字。那麼，他就必須負起簽字同意的法律責任。

我要特別提醒讀者的是，仍然是「睜大了眼睛」把合約看清楚，才是上上之道。就算是在房仲業務的催眠之下，貿然簽了不符自己本意的契約，這時候就別忘了在消費者保護法裡頭的權利，也就是「三天的契約審閱期」來主張契約條文無效，否則碰到這種不誠實的仲介業務，到頭來吃虧的還是自己。

專家壓箱寶

「專任委託銷售契約書」四種常見的屋主違約罰則：

1. 屋主專任委託房仲銷售後，又自己把房屋賣掉。
2. 屋主專任委託房仲銷售後，又委託其他房仲公司帶看銷售。
3. 有買方出價達到屋主當初委託的價金金額時，屋主卻反悔不肯賣出。
4. 委託期未到期之前，屋主單方面想提前解約者。

只要發生以上任一情形，屋主就必須支付仲介原先約定的服務費。

33 委託一家專任，真的多家服務銷售？

有朋友找房仲幫忙賣屋的時候，聽見業務員信心滿滿的推銷他們的服務說：「你來我們這裡賣房子，包準你滿意。我們老闆在全省開了好幾家分店，你只要跟我們簽專任委託，我們所有案子都會在內部互相流通，這樣你就等於是用專任委託一家房仲，賺到一般委託多家房仲銷售的服務，怎麼說都划算。」

朋友一聽，竟然有這麼好康的事，當場就簽下了「專任委託銷售契約書」。

結果委託快兩個月，一直都沒有傳來進一步的銷售狀況。於是朋友上網搜尋房仲的廣告，發現根本沒有業務員所說的「物件都會在分店之間相互流通」。氣得他立刻打電話給業務員，問他是怎麼一回事。

業務員只是支吾其詞，不斷的說：「我辦事你安心啦，我一定替你特別用力銷售的，兩天前，我還特地到幾個鬧區發傳單了，相信一定很快就會跟你報告好消息。」

朋友覺得受騙上當，打電話向我抱怨，同時表示想提前解約。我跟他分析，若是沒有特殊理由，賣方若單方面想要提前解約的話，照樣得支付四％左右的服務費。反正委託期也只剩一個月左右，就等委託期一過，契約自然失效，再找其他房仲幫忙就好。

事實上，房仲業務接案後，如果是所謂的「蘋果Case」，願意釋放出來讓「大家一起賣」的，可以說是少之又少。因為業務員的所有收入都來自仲介費，且業務員的抽佣比例相當高，一般來說，服務費佔房屋總價六％，業務員抽其中的五到八成，是相當常見的比例。

舉例來說一千萬的房子，六％的服務費就有六十萬元，就以最低五成來說，業務個人就可以獨拿三十萬元，另外還有一種最高分配比例高達百分之百的，也就是六十萬元的業務獎金是業務員一人獨得，然後每個月再固定付給仲介公司一定金額的費用。這樣一來，業務員一年只要成交兩、三個Case，就可賺到比一般上班族一整年薪資還要豐厚的收入。

想一想就知道，不可能會有業務員將好不容易才接到的案子，無條件拱手放到所有分店去「大家一起賣」。對這類仲介公司的老闆來說，更是沒有動機去分配業績。反正只要佣金收入可以持續進帳，他怎麼會去管是哪一家分店做成生意的；另一方面還可以鼓勵內部競爭，刺激業務成長，他何樂而不為呢！

所以，下次你若是再聽到業務員這麼鼓吹：「一家專任委託，多家服務銷售。」時，記得要求業務員寫下具體的「銷售企畫書」，清楚的交代案件的銷售方法跟管道，不要聽業務信口開河，如果只是嘴上工夫，就不要再輕易相信了。

34 簽完約，不要立刻簽「契約變更同意書」

我有個親戚最近賣了房子卻不開心，詢問之下才知道是簽「契變」惹的禍。

他說，剛開始他和房仲一切都談得挺順利的，感覺上房仲也很有誠意。所以親戚對於房價也沒有太強硬，很坦誠的告訴仲介：「我希望可以賣到七百萬啦，不過我也大約知道這附近的行情，若是有開到六百五十萬左右的買方，就差不多可以賣了。」

仲介當場拍胸脯保證絕對沒問題，然後就拿出「專任委託銷售契約書」，雙方簽字用印，親戚也在合約中的售價欄填上「七百萬元」。正想和業務員握個手表示一切拜託了，沒想到業務員立刻拿出另一份合約，叫作「契約變更同意書」，要親戚也在上頭簽字用印。

親戚不懂，問業務：「為什麼要變更？不是都說清楚了嗎，我並沒有什麼需要變更的啊？」

業務員笑笑說：「是啊，但因為你剛也說了，如果有人開到六百五十萬的話，也是可以賣的。但『專任委託銷售契約書』中，你只同意要用七百萬當售價啊，所以你必須還要再填一份『契約變更同意書』，這樣我們才算是獲得你的授權，若遇到開價不到七百萬但高於六百五十萬的買方，我們也才能夠幫你把買方留下來啊。否則，萬一對方覺得七百萬太貴，馬上就沒意願再談了怎麼辦。」

我那位親戚想想也對，所以就這麼又簽了一份「契約變更同意書」，同意六百五十萬以上就可以賣。但親戚也千交代萬交代，可千萬不要就用六百五十萬跟買方開價啊！但是為什麼最後卻演變到六百三十萬元成交的，到現在連他自己都有些胡塗了。所以房子雖然順利賣掉了，但就是始終開心不起來。

「契約變更同意書」或者稱「契約修正同意書」，是仲介慣常使用的一種議價手法。通常在與賣方簽完「委託銷售契約書」之後，就會拿出這種合約書，讓賣方再填上另一張「契約變更同意書」，把賣方心中認定的最低價給填上去。就好比我親戚的例子，原希望可以賣個好一點的價格七百萬，但為了預防萬一遇不上願意出這樣價錢的買方，那麼六百五十萬左右也能接受。

只要屋主此話一出，眼明手快的房仲就會立刻摸清楚屋主的底價，快速拿出一份「契約變更同意書」，要求屋主簽字，等於是當場議價起來。因為所有的屋主都希望賣個好價格，如果心中希望的售價是七百萬，那自然會期望業務員可以一開始就開個高於七百萬的價格，好讓買方有個殺價的空間；否則一開就開價七百萬的話，最後一定賣不到七百萬。

相反的，所有買方也都希望售價愈低愈好。那麼仲介為了提升成交率，反正賣方已經掌握住了，接下來最重要的任務，當然是要把買方緊緊抓牢；而抓牢買方最有效的方法，自然是「便宜才是王道」。

所以，房仲為了防止屋主開出過高的價格，讓這個委託案淪為有名無實的「芭樂Case」，他們一定會盡最大努力，把屋主心目中的底價挖出來。否則就算把案子簽回去了，他們也不願意投下時間、資源，認真銷售這間房子的，而會把案子先「凍」一陣子，再和屋主進行下一輪的商議，討個確實可行的賣價。

針對契變的問題，有兩點我要提醒大家：

一、不要一廂情願以為賣方可以隨心所欲，想把房屋賣得多高，就可以賣得多高。脫離一般行情太遠的賣價，只會讓自己的委託案，變成無人聞問的「芭樂Case」。

二、只要自知是開出了合理的價格時，面對業務員提出簽定契變的要求，即便你心中確實有些價格的彈性，也不要貿然簽字，可以先按合理的售價賣賣看，真不行，再進行下一輪的議價討論也不遲。

35「隔離議價」式的疲勞轟炸，為的是逼你成交

當我還在仲介基層服務時，曾經接獲一位久沒碰面的長輩打電話來，語氣不太開心的質問我：「你們房仲業什麼時候改行扮演起FBI的角色啦！」

我趕緊詢問他究竟是怎麼一回事？他說委託房仲幫他賣房子，房仲老是不斷告知，每個來看房子的人，都覺得屋況很不錯，就是價格太硬了點。後來碰上一位特別中意的買方，房仲自然不肯輕易放棄，只不過買方年紀與個性跟我那位長輩相差不多，雙方都不是那麼容易說服的。房仲在買賣兩邊喬過來喬過去，就是怎麼都喬不攏。

最後沒辦法了，房仲只好建議，那就請買賣雙方當面來談談好了。房仲說：「那就勞煩兩位都到我們公司走一趟，大家當面談比較清楚啦。」長輩想想也好，大家有什麼想法就一次喬好來。

結果到了仲介那裡，他們居然像「辦案」似的，讓長輩和買方各

在一間辦公室裡面，然後兩邊傳話，說來說去還是那一套，總是說買方仍然感覺價格貴了點，若是可以往下調降點的話，大家就可以成交了。搞了半天，還是來勸他降價的嘛，那幹嘛說要雙方見面談啊。

於是我那位長輩就問房仲：「你不是說，要讓我和買方當面談嗎？現在我人都來了，買方在哪裡？」

房仲支支吾吾說：「就在隔壁的會議室裡啊，我們也在勸他再多添點價格就可以成交啦！」

結果長輩被弄得有點煩了，想想，自己幹嘛為了一、二十萬元把日子過得那麼不痛快啊。一個衝動，就答應了買方的要求，再降個十五萬元成交！

但回到家，又被老婆唸一頓，怪長輩怎麼這麼把持不住，明明價格已經夠低了還讓步，「簡直是老番顛」。原本從房仲那邊回家的路上他已經有些後悔了，才剛踏進家門又被老婆奚落，一肚子怨氣，只好打電話向我吐苦水。

其實以上的狀況，也是房仲要求賣方降價的手法之一。只不過這一回，他們是真有買主，而不是找來假買主協助砍價。面對買賣雙方，房仲的心態很不一樣。畢竟，賣方是肯定要賣房子的一方，但買方是不確定的一方，隨時有可能改變心意，或者另有打算。所以不論如何，房仲都不會願意輕易得罪買方的。安排「隔離議價」的橋段，多數只是為了想多用點力氣說服賣方降價而已。

至於把買方也請到現場的作用，一方面，是給賣方多一點的時間壓力；二方面，一旦策略奏效，是不是雙方就可以快快簽字成交，省得夜長夢多。

遇見這樣的場面，賣方若是不想降價，就要堅持自己的賣價，千萬別被那陣仗嚇到，所有的議價與時間壓力，都是房仲穿梭運作下製造出來的效果。唯有賣方自己「心頭抓呼定」，才能賣到自己心目中的好價錢。

36 小心仲介利用職業買主的「釣魚」詭計

我有朋友因為和仲介業務員討論開價時，業務員屢屢暗示朋友，這樣的價格可能不容易成交。但朋友並沒有接受房仲的建議，堅持想先試試看，也許會剛好碰上願意購買的人。

同時，也因為朋友在和房仲簽約前詢問過我的意見，懂得若想要嘗試用稍高一點的售價銷售的話，便不要在簽完委託書後，立即又同意和房仲另外簽定「契約變更同意書」，讓他們有理由一開始就以底價闖關。

雖然如此，朋友卻忘了我也曾經提醒他，要謹防業務員找來假買主的手法，誘使賣方降價的伎倆。在業務員帶來兩次職業買主之後，朋友最終還是同意簽下「契約變更同意書」，調降售價。

這種手法最常見的是，業務員會帶幾位買方來看房子，這些假買方一般都會表現得相當積極，也一致表示，若降到一定價格，絕對毫不猶豫出手。

這種情形一再重複，確實很快動搖賣方的決定。一旦賣方同意簽定契變之後，先前的買方就會突然消聲匿跡。若問房仲，他很可能告訴你買方臨時改變心意了，他也沒辦法。

這是房仲利用「職業買主」所演出的一種戲碼，誘使賣方心甘情願接受降價的建議，以達到他砍價的目的。

而另一種戲碼是，用假買主來「釣魚」。

相信大家多少有過這樣的經驗，在社區街道，有時會看見房仲人員在待售的房屋外牆上，掛著大大的看板，上頭寫著：「尚有五名客戶，急尋附近社區的房子。」之類的訊息。說穿了，這手法只是利用虛擬買方開發客戶的噱頭。

但是這招不見得沒有效果，真的就會有賣方，因為經常看見這樣的告示牌，而產生熟悉感；另一方面也想，反正剛好有客戶想要買，那何不把房子就委託給這個業務員來賣吧，反正自己也沒有什麼損失。

要是你當真請他把客戶帶來看房子，以證明他手上確實有對房屋感興趣的客戶。這時候，他們還當真會帶人來看房子，只不過那些通常都不會是真正的買方，而是業務員自己的「職業買主」班底。

這些人也許是業務員的同事或者是親朋好友，他們出現的時候，要不表現得漫不經心或悶不吭聲，對於房子的關心度明顯不足，還會頻頻把球做給業務員，凡事都要求你直接跟業務談就可以；要不就是對於屋況過度關心，提出來的問題又過度專業，讓你幾乎搭不上他和業務員的對話。

如果遇到這樣刻意顯示自己很行，手邊有很多現成客戶的業務員，可就要特別當心了，千萬不要把他們的話術當真，以為只要把案子交到他們手上，一切就搞定了。殊不知，這樣的結果，往往與你想像的相反。

所以，如果你真的想透過這種訊息賣房子，那就要依照我所說的技巧，仔細觀察這些所謂的「準買主」是不是真正的客戶，還是只是仲介的幌子？

37 仲介扮豬吃老虎賺差價的「三角簽」伎倆

我有個在中南部的朋友，由於自己長期在北部上班，打算把家裡二十多年的老房子，以一個他自認為不錯的價格出售。

一開始的時候，房仲不斷跟朋友好說歹說：這房子很難賣的啦，能賣個三百萬，就要偷笑了。但朋友很堅持，低於三百三十萬是不肯賣的，再怎麼說，那也是棟三層樓的透天厝，雖然有點「年紀」了，但屋況其實還不太差。

一個月左右的時間，房仲帶了斡旋金來找朋友，說有位買方廖先生願意出價三百一十五萬，問朋友願不願意。朋友考慮一下，這個買方所出的價金已經相當接近了，索性就湊個整數，大家各讓一步，那就三百二十萬好了。果然，此價一出，立即拍板成交。

沒想到大約三個月之後，適逢過節，朋友回老家拜訪親戚，卻出乎意料看到從自己的老家走出來的新屋主，居然是自己以前的老同學小李。驚訝之餘，一問才知道，原來接手自己老家的買主廖先生，還沒過戶前就已經跟小李簽了契約，把房子再度轉手。

禁不住好奇，朋友問了小李，那她究竟是用多少錢買下這棟透天厝的。「三百六十萬啊！」這數字一出，朋友立刻大叫一聲：夭壽喔！

後來對照了買賣的時間點，才發現自己的同學小李，早在廖先生出現前已經出價三百五十萬打算購買，而這位廖先生卻不知道是從哪冒出來的？

其實這就是所謂的「三角簽」，是不肖房仲利用銷售過程中安插買家，而賺取銷售價差的一種手法。

當不肖的房仲發現有利可圖，譬如原屋主不懂行情或急於出手，而實際上已經有買主願意購買，而且成交價遠高於委託價時，這時他們會安插另一組買方，經常就是相熟的投資客，或是假買方，先跟賣方簽約，再由安插的假買方轉賣給真正的買家。

如此一來，透過這三角兩次轉手，便可以賺取高額利潤，四十萬價差輕鬆入袋。

依照經紀業管理條例的規定，仲介公司是不能賺取「差價」的，假如發生類似的狀況，可以蒐集整個交易過程的所有資料，包括買家付定時的收據以及簽定的買賣契約書，檢視一下這些過程的時間點，來佐證你的房子被賺取差價了，要求仲介公司雙倍賠償並加付利息，同時建議消費者，不動產的買賣應該選擇辦理履約保證制度，避免房子還在過戶中，就被二度轉手，讓自己的權益受損。

38 不要被房仲或代書的逐客令嚇到

曾有位屋主，透過某知名品牌的房仲公司賣房子，正開心房屋很順利的以不錯的價格賣掉了，也依這家公司的規定，在代書中心簽完買賣契約，但沒想到買賣契約書一簽過後，很快的，房仲的代書便下逐客令，聲明為了讓買方能順利點交過戶，希望屋主可以在半個月內，搬離現在的房子。

這位屋主雖然在期限半個月內，找到臨時租住的房子，但環境、價格都很不滿意，不過因為代書要求，還是勉強搬了過去。

結果房屋空下來了，卻遲遲不見新屋主搬進去。兩、三個月過去了，原屋主實在忍不住，打電話去問房仲，當初這麼急著要求他搬家，為什麼快三個月過去了，賣出去的房子還是空空如也。房仲這才不好意思的解釋，新屋主有其他考量沒那麼快搬進去。

聽見這個答覆，氣得原屋主大罵，就因為房仲所找的代書沒有協調好，要他們匆促搬走，眼看著就損失了三個月的房屋租金不說，還讓他們因為時間不足，只得退而求其次，找了一間相當不喜歡的房子住，真不知道他們的這些損失要找誰去討公道。

一般辦理房子過戶，需要三到四個星期的時間，如果辦理自用住宅則更久。再加上買方準備搬屋等，所產生的時間落差，甚至有可能出現房屋成交後兩、三個月之後，新屋主才搬進去的狀況。

何況，辦理房屋點交並不需要提前騰空自己的房屋，甚至有時候，如果自己打算搬過去的新屋，來不及銜接賣掉的舊屋的交屋日期，還可以跟新屋主商量一下，以租金補貼的方式補償新屋主，並載明在買賣契約中，以避免匆匆忙忙搬家，而賣出去的房子卻空在那裡，自己一時之間還得花錢另外再租房子住，要懂得適時提出疑問，爭取房屋成交到過戶，再到新屋主真正搬進去住的這段期間，因為前前後後，也許就為自己的荷包省下不少錢了。

39 仲介提供近三個月的成交資料，參考就好

幾年前，有位朋友準備賣房子，他很苦惱，不知道該怎麼決定售價。於是希望仲介能夠教他幾個撇步，好決定怎麼開價。

結果業務員給他看一份「最近三個月成交紀錄」，說這些都是他們公司最近幾個月成交的紀錄，應該可以幫助他決定該開什麼樣的價格，才不至於開得太低吃虧，或開太高了又賣不出去。

我朋友真的就按照業務員給他的資料，將附近幾個區域成交的案例，把大家的成交價加起來求個平均數，心想這樣的開價至少應該不會太離譜。

誰知道，房子成交後，過一陣子才發現，當初業務員好心提供的所謂「最近三個月成交紀錄」，其實都是經過調整後的紀錄。為了讓賣方不要開出過高的價格，所以每坪單價大都低報個一、兩成左右，我那位朋友受影響開價自然也偏低，每坪損失了約三萬元，氣得一狀告上法院，就拿當初業務員提供給他的「最近三個月成交紀錄」當成證

據，業務員就算想開脫也沒辦法。

一般來說，仲介在協助屋主決定售價時，是有義務必須提供屋主最近三個月成交紀錄的。但由於台灣的不動產交易沒有透明化，最近三個月的成交紀錄實在不易取得，就算取得了最近三個月的成交紀錄，資料也難以保證是正確無誤的，如果光是以這一家公司的成交紀錄，來當評估的依據，事實上「樣本數」也不足。

另方面，為了促成更多的交易，房仲也不會誠實報價，通常開給賣方略低於實際的成交價一至一成半左右，開給買方略高於實際的成交價也是一至一成半左右。

因此說穿了，若想要賣個好價錢，不能完全依賴房仲提供的資訊，消費者必須自己勤做功課，四處打聽蒐集資料，這樣對自己的權益保障最大。

所以，如果你還在期待上上房仲官網，或者讓業務員提供幾份資料，就可以找到適當售價的話，那你就等著後悔懊惱吧！

專家壓箱寶

房仲該提供賣方哪些資訊以決定售價？

一個優質的仲介業務人員，提供給賣方的所謂參考行情，絕對不會只是最近成交的價錢，因為每個房子條件不同，這些條件包括：管理、格局、座向、建材、區段、樓層，甚至裝潢。

因此，當賣方想要了解真正房屋的成交價時，絕對不是光參考一份成交資料就可以做判斷的。我曾經看過其他所謂房地產專家的建議，他們認為可以詢問銀行，請銀行估價，事實上這是錯誤的觀念。

真正的房地產行家一定知道，銀行估價大部分還是打電話詢問當地的房仲公司，然後再加上自己的鑑價公式計算，這個初步計算出來的結果，只是當成銀行核貸的參考，而房仲公司的答案大家可想而知。所以賣方除了自己做功課之外，可以要求房仲公司提供下列資料，以做為判斷：

1. 目前市場正在銷售的開價：開價通常會預留買方議價的空間，成交價錢絕對會低於開價。所以假如屋主以現在市場的開價為成交底價的話，通常會被房仲公司視為「芭樂Case」而被冰凍起來，或者拿你的房子來促銷其他案件。

2. 以前曾經賣過卻賣不出去的價錢：這類型的物件通常表示「開價太高」，當買方多方比較之後，當然會挑選「俗又大碗」的房屋來買，開價太高的房屋，自然乏人問津。

3. 最近成交的價錢：這部分的資料，相較於前兩項資料的參考性確實是比較高的，但必須考慮這些成交房屋的條件，來跟自己的房屋條件做比較，才會比較客觀。

PART 3

買屋前，必須搞懂的「交易陷阱」

40 投資客的房子不能買嗎？

有一次去演講，台下有位學員分享他的買屋經驗。他說他買到投資客的房子，很慘的是，投資客常用的手法，在那次他全碰上了。

他提到投資客將牆壁打掉，然後與房仲聯手大力促銷「可使用」坪數有多少有多少，讓他對「大空間」已經產生預期心理；他到現場看過，也感覺室內確實較一般同坪數的房子寬敞許多，當場就接受對方的說法，確實房屋有這麼大的空間，就該值這麼多價金。

買了之後，他跟鄰居打聽比較，結果他那間房子的總價，硬是比同棟所有鄰居都多出個數十萬的金額，讓他懊悔不已。實際上，他真正買到的就是權狀上面的坪數。

投資客的房屋，內部裝潢乍看都相當吸引人，看起來美觀的樓板夾層，感覺實用的壁櫥衣櫃，當下你一定感覺那些設計貼心感人，怎麼看也不像是間二、三十年的老房子。

等到搬進去住了之後才逐一發現，原來夾層裡出現大面積滲水現象，壁櫥後面的牆壁龜裂，剝落下來一大片，衣櫥有很多抽屜其實是假的，根本拉不開，好多看似便利的插座是接不到電的……簡直教人傻眼。

最令他錯愕的是，申請完自來水、瓦斯後才知道，那間房子居然沒有安裝瓦斯表。就這樣，只好自認倒楣，又去了三萬元。

其實，投資客會買的房子不外兩大類：增值潛力大的，或是成本賣價之間可以大幅拉大的。

增值潛力大的房子比較沒問題，畢竟原本多是好房子，不需要做什麼手腳，光賺增值空間就荷包滿滿。但如果投資客鎖定的是成本賣價之間的價差，那裡面的文章可就多了。

投資客為了將本求利，卻又礙於房屋終究有一般行情的限制，不可能比周邊房價高出太多，比較有效的獲利空間，就只剩下壓低成本一途了。

所以最快的捷徑之一，就是買進久久賣不掉的瑕疵屋，創造出低成本的第一項利多要素；另一個方式是利用各種廉價的裝潢手法，讓一星級房子變五星級，花少少成本便能換來個好價錢，創造低成本的第二項利多要素。

當然，也不是說投資客拋出來的物件就都不能碰。事實上，因為投資客通常都有長期合作的設計師以及土木師傅，若沒有存心要賺取超額暴利，他們為房屋設計的相關配備，還是能夠顧及基本品質要求的話，反而經常是物超所值。要是消費者自己花錢雇請設計師以及土木師傅，不但設計水準未必那麼高，費用恐怕更是得高出好幾倍不止。

所以重點是，買房前要清楚判斷是不是投資客拋出的房屋；確定後，若是投資客的房子，則務必要小心我所說的細節與眉角，才不會花了錢還買一肚子氣受！

專家壓箱寶

看懂黑心投資客伎倆的順口溜

出面簽約非本人、門前停車廣告虛，
外觀老舊室內新、全新裝潢好溫馨，
油漆裝潢超講究、家具高貴不送你，
窗戶觀景全封死、壁櫥鞋櫃藏玄機，
水電插頭要注意、天然瓦斯沒有氣，
陽台外推增坪數、頂樓加蓋室內梯，
假山魚池要小心、公用空地送給你。

41 說好現況交屋，家具卻通通不見了？

我曾經看過一位投資客，他總是習慣把房子裝潢得漂漂亮亮的，營造出非常高級的質感後，才交給合作多年的房仲幫忙找買方。而跟他合作的房仲也很有默契，都知道要替他特別觀察買方，如果對方的購買意願受到實體屋的擺設而提升，這時業務員就會自動替房價加碼。

有一回，因為接手的業務員是從分店調過來的新人，不太熟悉這名投資客的操作手法，誤把投資客所說的：「如果價格賣得漂亮的話，這些家具就通通送給買方。」解讀成：「如果賣到差不多是我開的價的話，就可以把這些家具通通送給買方。」

所以，當這名新業務發現，買方十分中意投資客房子裡的家具擺設，以及各項設施後，就在一旁猛敲邊鼓，表示：「你真的是好運氣，碰到這麼有品味的屋主，只要你價格不要壓得太低，人家是很願意把這些家具設備通通送給你喔，到時候你只要人搬進來就可以了，多省事啊！」

原本就被整體裝潢打動的買方，也不過度壓低房價，只是意思意思壓低一點點的價格。後來投資客也答應了買方的出價，雙方很快成交並且過戶，買方還特別指著合約，跟房仲以及屋主再次確認是「現況交屋」。

等到買方搬進新房時嚇了一大跳，所有的家具通通都不見了，不是說好所有家具設備都要奉送的嗎？他完全沒有添購家具，結果跟仲介所說的落差未免也太大了。

其實問題之一，當然是出在負責溝通的房仲傳遞錯誤訊息；另一方面則是，大家對於所謂的「現況交屋」認知並不一致，所以經常會引發糾紛。

一般來說，「現況交屋」指的應該分成兩方面：一是指，雙方在談妥所有相關條件的當下，實體房屋所呈現的面貌，這是有形可以看得見的「現況」；另一方面則是抽象不易覺察的「現況」，例如該間房屋是否有已存在的租賃契約等限制條件。

所以，消費者在購屋時一定要記得，搞清楚房屋這兩種「現況」，對於看得見的現況要拍照存證，各項條件的說明也要錄音存檔，並且在合約上確實記載屋主要贈送給買方的各項設施等。對於不易覺察的抽象現況，譬如預告登記、抵押權設定、租賃契約存續問題，當然要特別注意合約上的記載，才不至於出現以上的糾紛。

42 提前過戶土地，將土地增值稅轉嫁消費者

我有一位朋友幾年前購買預售屋，結果房子還沒辦理過戶，突然接獲建商的通知，說要將土地所有權先過戶給各住戶。朋友去辦理相關程序時，還碰到一些未來同社區的住戶，大家紛紛表示，先拿到土地的所有權也好，感覺更加安心了。

後來我朋友因為一些工作原因必須搬家，打算把才過戶不久的房子轉賣掉。房仲業務順利幫他把房子轉手售出，就在核算相關稅金時發現，居然必須繳交一筆超出預期的土地增值稅。

朋友詳細詢問之後才恍然大悟，原來，當年建商提前一年過戶土地給購屋者，透過土地所有權的轉移，將建商原本應該負擔的土地增值稅，成功轉嫁給消費者，由消費者來負擔。

土地增值稅的計算，原本應該是從房屋過戶到房屋賣出這段期間內，土地隨時間增值而必須繳交的稅額；也就是說，若是建商利用「偷天換日」的手法，將土地所有權在房屋過戶前一年，提前將土地

過戶給消費者，平時沒感覺有任何差異，但等到房屋要轉賣而結算土地增值稅時，消費者便會多負擔一年的土地增值稅；而那一年的土增稅，原本應該是由建商負擔的才對。

先拿到土地所有權固然是有保障，但等到之後你要把房子賣出去時，就會多計土地增值稅。

多年前房地產景氣上揚時，許多地區新建案如雨後春筍，建商到處搶建。新北市曾經發生一個案例，當時某一著名財團在當地興建一個建案，房屋蓋到一半尚未完工，就將土地移轉給當時的承購戶，沒想到興建的進度愈來愈慢，原本應該在隔年交屋的房屋居然一拖三年。

後來這個建商因為財務周轉失靈，宣布倒閉，房子不蓋了直接跑路，後續處理的問題就變得非常棘手，由於土地持分者眾多，意見紛雜，沒有辦法整合，讓原本有意接手的其他財團因而卻步，最後甚至放棄。

〔專家一點通〕何謂「土地增值稅」？

土地增值稅是在土地所有權移轉的時候，按照土地漲價總數額採用倍數累進稅率，計算繳納的一種租稅；所謂土地漲價總數額，是指土地移轉時之總現值，減去取得時之移轉現值，或原規定地價的總額。

土地增值稅的稅率自民國九十四年二月一日起，是採用累進的二十％、三十％、四十％等三級稅率，長期持有土地達二十年以上者，另有減徵優惠，而且政府為了減輕自住房屋者之負擔，對於出售自用住宅用地時，規定一人一生一次可享受百分之十的優惠稅率，同時出售自用住宅用地後，另行購買自用住宅用地時，原出售時所繳納的土地增值稅符合一定要件，亦可申請退還。

43 履約保證像防彈衣，有穿有保佑

有一位熟識的客戶，多年前透過某家仲介公司，買了一間五百萬的房子。在簽約時，他先支付一筆五十萬元的簽約金，並且相當謹慎的要求賣方，一起找了銀行辦理「成屋履約保證」。

接著，房子按照正常程序辦理過戶，但我那位客戶卻發現，當初簽約的那筆五十萬元簽約金，一直沒有匯到專戶裡。於是他去詢問負責的業務，業務員支支吾吾交代不出個所以然來。一直到最後，他才坦承那筆錢被店長「暫時」挪用了。

好在我那位客戶在一開始就設想到，要辦理「成屋履約保證」，管理買賣雙方的履約風險，這筆五十萬元的簽約金後來便由承接履約保證的銀行先代墊，房屋買賣才順利完成。

不過，值得特別注意的是，同樣標榜「履約保證」制度的仲介公司，其實各自負責的範圍是有很大差別的。大致分為以下兩種：一種是「買賣履約保證」，另一種則是「價金履約保證」。

所謂「買賣履約保證」是指萬一交易失敗，但已經有一方取得非法利益，例如賣方已取得價金卻不過戶，或買方只支付部分價金卻已經取得產權。這時候履約的銀行，會把剩下的價金或物品，補齊後交給受損失的一方。

「價金履約保證」則是，履約銀行只針對已經收到的價金提供保證。換言之，就是買賣雙方簽定買賣契約後，由銀行出面保證，買賣價金會保管在銀行的專戶裡，直到交屋時，再由銀行專戶中結清，支付給賣方。

如此一來，買方不必擔心房子未過戶，錢就被賣方取走；賣方也不須害怕，房屋過了戶，買方卻不繳尾款。萬一出現任何狀況，買方支付的所有價金將全數歸還，就當作交易從未發生，雙方都不會有任何損失。

曾經有朋友還問過我，他遇過不提供履約保證制度的房仲，那種情形又該如何？

之所以會有房仲不願意承做「履約保證制度」的原因，除少部分是屋主的堅持之外，更多時候是因為屋主便是投資客。因為投資客都必須靠著不斷的出售手上不動產換取現金，盡快拿到現金之後再繼續投資購買其他不動產，藉著這種方式來操作財務槓桿，放大收益，若是透過「履約保證制度」，就必須等交屋完成後才能拿到錢，財務槓桿效果明顯受到限制。房仲公司若跟投資客長期配合，自然不敢得罪投資客。

不過，遇到這種狀況，還是要堅持爭取履約保證，才能有效保障自己的權益；否則，交易一旦出問題，處理起來不只棘手，還得耗費很多的時間跟力氣。

專家壓箱寶

履約保證的重要性

一般房屋買賣成立的過程，會經過四個步驟：簽約、用印、完稅、交屋，不同步驟間，買賣雙方各自會出現不同的風險。

在完成「完稅」這個步驟時，會將房屋權狀屋主的名字改變成買方的名字，此即表示買方已經取得產權。這時候，屋主大約只收到二至三成的價金，萬一發生買方不願繼續付款，或者買方與代書勾結刻意詐騙，屋主將面臨巨額損失的風險。

另一種狀況剛好相反，在完稅步驟尚未完成之前，權狀還沒變更為買方的名字，這時候屋主收了部分價金卻拒不過戶；或是屋主在過戶期間房屋被查封，根本無法過戶，此時買方不但已經支付了一大筆錢，又極有可能拿不到產權，萬一屋主落跑，買方無可避免會兩頭落空。

為避免以上問題發生，房仲通常會建議買賣雙方做「履約保證」；也就是在銀行內開一個專戶，把買方付的價金跟賣方的權狀一起交給銀行保管，等到交屋時，銀行確定成交後，再把新的權狀交給買方，同時將所有價金交給賣方。

可以提供履約保證的機構不只有銀行，部分「建經公司」也提供類似的服務，手續費從萬分之一到萬分之六不等，都會提供買賣雙方「保證書」，但保證內容及範圍差異很大，消費者要仔細比較，看清楚保證書內容，千萬不要貪圖小額的手續費，反而落入更大的風險。

44 投資型套房的房子，像不定時炸彈

《智富月刊》曾經報導過，一個國中曾輟過學、高中讀三流學校、大學是靠進「先修班」才勉強擠進窄門的年輕人，在他二十二歲念大二時，就賺進人生第一個一百萬元；二十八歲時，不過是個月薪四萬的產險理賠人員，卻已經累積了近千萬元的資產！

原來，這位書怎麼念都念不贏人的年輕人，竟然是靠著法拍屋入門，用不到十年的時間，買了超過十間房屋，然後當起「包租公」，就一路致富至今。

這則報導，確實教人眼睛一亮。說實在的，誰不想當包租婆、包租公，順利的話，房子光擺在那裡就會幫你不停賺錢，真是再好不過的事情了。所以內行人一定知道，房仲業也有針對區域特性，譬如：都會區、學校、工業園區附近主打這項訴求，就叫作「投套」。

「投套」顧名思義，指的就是「投資型套房」的建物。一般房仲業務會以「投套租金可以多賺好幾倍。」為訴求，向消費者展開促銷攻

勢，聽了確實任誰都躍躍欲試。

我有個在大學教書的朋友，收入穩定、工作時間有彈性，前幾年也開始起心動念做起包租公。於是，開始在學校附近買了間三十多坪的房子，隔成六間套房出租；每間套房月租個八千、一萬，每月收入立刻比整層出租足足多出了三萬多元，不知羨煞多少同事。

不過很多人只注意到投套的經濟效益，卻經常忽略它所產生的成本及風險。投套的形式基本上有兩種，一種是現成的投套，另一種是改裝的投套。

現成的投套，買來時就已經是改裝完成，前屋主自然要將他當初的裝潢費轉嫁給下一手，灌進房屋售價裡。

另一種是改裝的投套，也就是先買屋再自己改裝，隔間裝潢的費用自然又會是另一筆不小的投資。像我那教書的朋友，光是隔間的施工費用，就花了將近百萬元；如果再加上相關設施，算一算，大概也需要快兩年在滿租的情況下，才能將這些改裝的費用回收。請特別注意，以上兩年的投資回收期，可是還沒把房屋總價以及貸款利息計算進去。

更有甚者，這些房屋在申請建照的時候，都是以一般公寓名義申請的，萬一改裝施工不當，不但可能惹出一堆屋況上的問題，還可能危及房屋結構的安全；若果真如此，後續要支出的費用不知道還要增加多少呢！

除此之外，要是改裝成投套令旁人眼紅，或是施工期間敲敲打打引起鄰居不悅，那他們只要一通電話，經查屬實，建管單位馬上就會派拆除大隊，把你花了大錢蓋的隔間設施，通通當成違建立刻拆除。

我就認識一位投資客，他五樓的套房原本出租得相當順利，所以想在頂樓再多加蓋幾間套房，就能像養金雞母般，按月再多下幾顆金雞蛋。沒想到，某天，也不知道是誰去告發的，一通電話後即報即拆，害他眼看就要完工的隔間裝潢，立刻化為烏有，近百萬的投資轉眼全數泡湯。

麻煩的事還不只是這一樁。投套賺錢人盡皆知，連有線電視公司也要來參一腳，要求這個投資客的收費標準必須按人頭收費，不能按門牌收費。他總不能讓房客收看不到有線電視，迫於無奈，只好忍痛一個月繳交人家六倍的有線電視月租費。

這不打緊，這位投資客的房子由於室內重新隔間成六間套房，管線自然到處亂跑，遇到有滲水漏水的問題，鄰居第一個就先告他；房客一多，出入份子自然也比較複雜，他再度挨告。再加上，房客一下電燈不亮、一下瓦斯不熱；有人想退租，又有人想問租，他忙得像生意接不完的大老闆，整天電話響不停。最後，連他老闆也受不了他的雜務太多，乾脆丟了幾個月的遣散費，請他捲鋪蓋走路。為了照顧他的套房投資，投資客連自己的本業都弄丟了！

原本打的如意算盤是，房子「擺在那裡」就可以幫忙賺錢。誰料想得到，竟會無端生出這麼多麻煩事，冒出這麼多看不見的成本。這一切，還沒算上無法滿租所造成的收入空窗期。聽了這幾個案例，相信大家應該更能理解，原來不是所有的包租公都可以翹著腳數鈔票的。

因此，想當包租公、包租婆的人，務必要睜大眼睛豎起耳朵，看清楚聽仔細，把各種狀況都盤算清楚了，才理性的加入投套一族。

45 買土地附贈破廠房，而且廠房再破也不能拆？

多年前，就有媒體曾經報導過那麼一個案例，買方因為疏忽了「支付斡旋金之前，一定一定要拿到『不動產說明書』以及『不動產標的現況說明書』，並花時間詳細閱讀。」這項要點，而買下了一塊地上有間破舊廠房的土地。

結果等到買方入駐，準備破土整地蓋廠房時，居然拆不了原先的老舊廠房。原因是，他購買的土地的「地上權」已經設定給其他人，所以這個破舊的廠房屬於另一個人有權可以使用。

結果買方當然回頭找房仲詢問，為什麼當初看地買地時，大家都沒有針對這一點說明？房仲於是找出該筆土地的「登記謄本」查看，結果在「他項權利部」的這項底下，確實有記載「地上權」已經設定給其他人。

買方一看大驚失色，一般人在看「登記謄本」時，大多會以「標示部」和「所有權部」為主，畢竟，大家最關心的還是正確的門牌號、座落位置、各樓層面積，以及總面積、是否有附屬建物等。對於資訊末端的「他項權利部」，便很容易就掉以輕心。誰知道一時的疏忽，只以口頭詢問前地主，有沒有一般最常見的「抵押權」問題，卻漏掉細看是否有其他權利的設定。

經過與舊廠房使用權人溝通協調許久之後，雙方才達成協議，使用權人同意新地主支付五十萬搬遷費用的話，他就搬離現在的廠房，將完整的土地使用權歸還給新地主。這樣的結果算是皆大歡喜了，畢竟，可以用錢解決的問題，還算是個有解的難題。

專家壓箱寶

謄本包括哪些內容？

登記謄本不論是土地還是建物，都會分為三個部別：

1. 「標示部」：詳細記載建物門牌號、座落位置、各樓層面積及總面積、是否有附屬建物、建物主要建材、建物主要用途、建物建築完成日期等資訊。

2.「所有權部」：記載這個建物所有權歸屬於誰、建物所在的地段、建物的建號等資訊。

3.「他項權利部」：如果沒有設定他項的權利，就不會有他項權利部；如果有他項權利部，就是有設定他項權利，一般來說最常見的就是「抵押權」。

〔專家一點通〕

什麼是「地上權」？

所謂「地上權」是指，以利用他人的土地，建築建築物或其他工作物，或者以竹木為目的，而取得他人土地的使用權。

舉個例子來說，例如甲為了運輸方便，希望在乙的土地上建造廠房，於是甲和乙取得協議，以設定地上權的方式租用乙的土地，然後辦理「地上權」的設定，這樣一來，甲就取得了那筆土地的使用權，成為該地的「地上權人」。這是透過直接與土地所有權人的設定，而取得的「地上權」。

另一狀況是，基於法律規定而發生的「法定地上權」關係。這種狀況則是指，土地以及建築物的所有人，僅以地上建築或者同時將建築物和土地設定抵押，但後來因為無法清償債務，而遭到銀行或法院拍賣。結果，造成土地和建物的所有權分別屬於不同的人，這時候法律便會規定，建物新的所有權人對於土地便享有「地上權」。

透過以上兩種方式取得的地上權設定，讓權利人可以獲得使用土地及建物的雙重保障。

46 價錢低了兩成，小心買到乙工屋

有位年輕朋友最近正準備成家，他興奮的告訴我，最近在新北市副都心地區，找到很棒的房子，而且仲介還特別跟他強調：「是六樓豪華電梯大樓，挑高四米二，可以高額貸款；鄰近有購物中心、麥當勞，社區內又有兩家銀行和便利商店，就算想天天『宅』在家裡都沒關係。更重要的是，這個物件，因為屋主投資大陸工廠擴張太快，現在急著需要現金調度，所以開價足足比周邊其他房子的價錢低了兩成。簡直是買到賺到。」

更吸引人的是，「室內挑高很夠，未來還可以做成樓中樓。那不就是平白又多長出個十來坪的空間！」他覺得自己一定是「結婚前」鴻運當頭，所以當場就付了斡旋金。

我聽這位朋友的描述，然後把前前後後的條件兜起來，再加上物件的地點，非常熟悉，就提醒他：「你說的那個房子，是XX社區嗎？那是乙種工業用地的房子吧？」（就是我們慣常所說的「乙工屋」。）

他聽了趕緊跟著問：「你剛說『乙種工業用地的房子』是什麼意思？我沒有要買工業住宅啊！更何況附近沒看到工廠，怎麼可能是工業用地！」

我簡短跟他解釋一下：「乙工屋」是指，把屬於乙種工業區的土地，申請用途原本是要拿來蓋給零售業、服務業、餐飲業、一般事務所及自由職業事務所使用的房屋，建商把它賣給普通民眾當成一般居住用的房子。

一般房仲在面對這類物件時，大多不願意主動告訴消費者那是乙工屋，他們大多數採取「沒問就不說」的原則；廣告DM上，通常也不會特別標示或說明。造成部分消費者因為只看到「超級經濟實惠」的房價，而忽略其他資訊，因此誤買了乙工屋。

所以，若是不想在未經詳細思考的情況下，因為疏忽了某些細節，或誤以為撿到便宜而買到乙工屋，那麼就要學會怎麼識別乙工屋。

專家壓箱寶

如何判別「乙工屋」？

一般來說，從環境或外觀上不見得那麼容易察覺建案是不是工業住宅，但只要注意三個眉角，就可以做為初步判斷：

1. 樓梯寬度：一般住宅樓梯寬約二尺半至三尺，但工業住宅則可能更寬大些，可以大到四尺。
2. 電梯形式：因為工業用地進出貨物的需要，一般來說，電梯比較寬敞，載重量也較一般來得大，同時備有貨梯。
3. 通道大小：同理，倘若發現出入口通道超出一般規格，也可能是工業住宅。

當然，最萬無一失的方式則是，向房仲要求檢視建物的「權狀」，或向地政機關調閱「建物謄本」，建物的使用用途是「住宅」還是「廠房」或是「一般零售業」，就一目了然了。這樣一來，完全不必擔心業務員是不是盡了告知的責任，更不會在不知情之下買到乙工屋。

〈專家一點通〉

什麼是「乙工屋」？

簡單來說，在乙種工業區內，以「一般事務所」或「一般商業設施」名義申請建照興建的房屋，被挪作一般住宅用的房子，就是所謂的「乙工屋」。所謂「一般商業設施」最主要的是指：一般零售業、一般服務業、一般事務所、自由職業事務所、運動休閒設施等。

乙工屋的房子本身是合法的，民國九十一年後，政府多已放寬這類房屋的水電及稅賦等的規定，讓「乙種工業區」的土地使用，幾乎等於是「商業區」的概念。但由於「乙工屋」並不是純住宅，基本上仍舊存在一些隱憂，值得消費者特別注意。

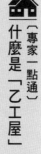

47 買乙工屋的風險，是看不到的

房仲人員經常會這樣遊說消費者：反正一般住宅房價都這麼高了，那麼與其天天在那邊等不知道哪天房價會掉下來，為什麼不買便宜一點的乙工屋？那些房子照樣有一般住宅的功能啊，而且水電費、房屋稅、地價稅等，也都是按一般住宅的標準，哪有什麼差別。

更何況，有很多人也都是先買下來住了再說，運氣好的話，還有可能碰上乙種工業用地變更成一般住宅用地。事實上，這類的案例也是有的。

但在此我想要強調的是，不希望大家一聽房仲促銷大喊「俗賣！」就樂昏了頭，買到原本就應該比一般住宅便宜的乙工屋，還沾沾自喜以為是撿到了便宜。運氣不好的話，反而有可能讓自己吃了大虧。

曾經，我就有客戶年輕時買的第一間房屋，便是以「廠房」名義申請建照的乙工屋。買的時候確實非常愉快，因為付款對他來說相當輕鬆。幾年後，他對居家附近及一樓陸續出現幾家小型的工廠，造成環境品質下降，出入的人口也漸漸複雜，愈來愈感覺不適應，所以打算換屋。但因為當時房價還沒有像現在這麼高，願意接手乙工屋的消費者並不多，他可是足足等待了將近三年，才終於將那棟乙工屋脫手轉賣出去。

所以，購買這種房子的最大風險是，未來法令會怎麼變誰都不知道，有沒有可能造成將來想要轉手換屋的時候，大家接手的意願不高。這一點，應該是購買乙工屋的人最大的隱憂。

另外要提醒讀者的是，由於銀行對乙工屋的放款政策相對比較保守，購買這類房子，便會遇上貸款成數或額度較低，以及不能申請優惠房貸的缺點，因此除了自備款比例會比較高之外，分期貸款的利率也會比各種優惠貸款條件來得高。別忘記了，這一點也是你必須放進購買乙工屋的考慮因素之一。

專家壓箱寶

買「乙工屋」務必注意事項

1.不能申請優惠房貸：乙工建案是以「一般事務所」、「一般零售業」等名義申請建築執照的，不能算是一般「住宅」，因此沒辦法申辦「國民住宅」、「勞工住宅」或是「青年購屋低利貸款」等多項優惠房貸。

2.貸款成數較低：工業住宅土地、房價較低，貸款成數多半不會高，一般大約只有六成甚至更低，購屋者必須準備比較多的自備款。

3.周邊環境：乙工建案如果用來做為一般住家使用，周邊環境便相當重要，務必實際調查周邊是不是有汙染性生產工廠等嫌惡設施。

4.社區管理：乙工建案如果想控制生活環境品質，可以要求建商提供事先擬定的社區管理規範或約定，透過擬定規範約定，比較可以確保生活品質。

5.學區考量：部分乙工建案附近可能沒有設立小學或中學，若有長久居住的打算，應當事先釐清學區的相關資訊。

48 破解「廣告戶」的低價迷思

台語有句俗話：「便宜的沒好貨。」用這句話來解釋「廣告戶」是再貼切不過了，有些廣告戶會標示「每坪十二萬起」，許多看屋人到了現場一瞧，心中第一句話是，怎麼沒有類似價格的物件？

此時，房仲業者往往會有以下的解釋：現場物件是十二萬「起」沒錯，但是因為太熱銷了，通通賣光光；或是的確還有售價十二萬的物件，但是低價位往往也代表低品質，有些格局不方正，有些地點偏僻等，您應該不會想要看！

當建商推出預售工地時，很喜歡先行打出一個吸引消費者的價格，也就是俗稱的「廣告戶」，但消費者前去往往會買不到。遇到這種情況，該如何看穿建設公司的行銷手法呢？一般而言，建設公司會採取三種做法，第一種，從頭至尾都沒有這一號物件，純粹只是為了招徠顧客罷了。第二種，仍然有這樣的物件，但通常不具有良好條件。第三種，公司方面會主動向消費者解釋，的確有此類物件存在，但戶數少或所佔整體建案的比例低，已經賣完了。

也因此，可以合理推敲出來「廣告戶」若真實存在，也大多為不好賣的房子，建商會將之視為燙手山芋，急著將它們一戶一戶盡快脫手，畢竟，之後賣相佳的房子才不會被拖垮行情，並且可以開始哄抬售價，整體建案也才會愈來愈水漲船高。雖然建商手法不一，但通常是會保留「比較好賣」的房子，留待銷售後期銷售，以換取整體較為高額的收入。

所以，要當個聰明的消費者，不只不要陷入「廣告戶」的低價迷思，更要有守得雲開見月明的心態，亦即不要隨便跟著已推出的建案起舞。建商或許信誓旦旦的推出第一期、第二期，殊不知好房子全像壓箱寶一般的留在第三期推出。

另外，有一些建商的話術也會在「第一期」建案出現，例如八樓以上景觀良好的房子，都賣光了，只剩下四至七樓，或三樓以下。但真相果真如此嗎？其實不然，建商到了第三期才會銷售的景觀房，有一個很大的特性，正因為樓層愈高愈好銷售，也因此會設定成不讓消費者輕易知曉的「封戶」。

「封戶」主要是為了營造一種「熱銷」的假象，接待人員甚至會告訴消費者，只剩五戶（實際上可能還有三十戶），因為許多人看中這裡的某些特長，例如增值性可期、建材獨一無二等等，消費者在壓迫心理的驅使下，也就屈服了。建商大多採用「逐步拆解」的手法，分批銷售所剩物件。這是人之常情，假使建商一開始全部和盤托出，戶數過多，消費者可能會無法抉擇。

身為消費者，其實很難得知建商現存的戶數多寡。有良心一點的建商，會將「廣告戶」設定為中國人認為不吉祥的四樓，或是地點不佳的位置，甚至比較吵雜的樓層，如三樓至五樓，特別是三樓，身處高不成低不就的樓層，較不討喜。二樓出入爬樓梯即可，又可做生意的優勢，並非低價廉售的區塊。

其實，賣房子也如同賣水果，在「逐步拆解」的手法之前，仍舊有精明的消費者不會買帳，作勢要貨比三家再決定。為了挽留顧客，接待人員也會像小販，改口表示本來有個保留給某位尊客的物件，因為他老是無法做出決定，不如改賣給您好了。就像，水果攤老闆跟你說，雖然現場沒有賣相好的水果，但我可以拿裡邊冰箱裡的保鮮貨給您，箇中道理是雷同的。

建議消費者，當您前往一個工地，並心中暗自鎖定某一位置、某一樓層的物件，切記要「堅持到底」，十之八九會讓您滿意，找到理想的房子。

專家壓箱寶

如何輕鬆看出哪些房子是「廣告戶」？

1. 廣告戶大多是同一社區或同一商圈中銷售條件較差者，如樓層較低、位車道出入口上方、對到屋角等。
2. 廣告戶大多會實品屋連同裝潢、家電一同販賣，並且十分講究視覺效果與氛圍營造，請記住，好看不一定好用。
3. 千萬別被車位一掛的好康給騙了，假使廣告戶附有車位，也僅限位於地下三樓以下的機械車位；且有時建商會將車位坪數列入公設比之中來提高房屋總價。

49 接待中心不等於工地位置！

有位醫界的好朋友，因為生涯規畫，即將全家大小從台北市區搬遷到台北市郊。人生地不熟，加上對房地產界也算門外漢，於是找我與他一起前往看房。

這個建案，在台北市內的廣告宣傳，開出了一坪約四十萬的行情。我分析給朋友聽，同一區段的中古屋，大多維持在十萬至二十萬中間，其他建案也大約在三十萬上下。為什麼該建案可以有如此高的價位？言下之意是要朋友不要當冤大頭。

朋友並不以為然，因為他相信「尊貴大戶只要台北三分之一價」的廣告噱頭，但根據我從事房地產多年的心得與經驗，我分析給他聽，在這個地區，專以房新路寬的重劃區與主要幹道的商業區、住宅區，以及捷運車站預定地，共同形成一塊精華地段。

而這個建案其建地與接待中心相隔甚遠，偏處精華地段以外。所謂外行看熱鬧，內行看門道，不懂門道的朋友，看完了模型、介紹，再被宛若城堡一般氣勢磅礴的外觀給震懾住，心動感油然而生。打鐵必須趁熱，此時建商的接駁車派上用場，我們就被帶往有段距離的工地去了。在途中，我還是不停好言相勸，畢竟，迎賓花招如此繁複華麗，很多消費者一時被沖昏了頭，就不管三七二十一了。

其實，仔細從該建案的所在地來看，它並不隸屬於精華地段，卻又開出當地最高的價位。

建商廣告的玄機，便是它主要銷售客群為台北人，以台北市行情來說，這個價錢絕對是「致命的吸引力」，再加上該建案又包裝成「大坪數豪宅」的豪奢新屋形象，輔以接待中心又瀕臨交流道，我朋友也因此有了「離台北很近」的錯覺。洗腦的話術不只如此，口若懸河的接待人員，會開始一一道出，本建案離以後的捷運站很近，朋友被哄得更是心花怒放。

平心而論，該建案的所在地距離捷運車站，開車大約花上五分鐘，徒步大概要花上三十分鐘。說遠也不算遠，也有些見貨心喜的消費者，甚至於忘了要前往工地實際探勘，光是接待中心的樣品屋，就幫他勾勒出一幅美好的未來想像，衝動之下就下訂了。正因如此，過去類似的糾紛層出不窮。

因此，買屋看屋，絕對要告訴自己：接待中心不等於工地位置。

該建案位於精華區的邊陲位置，目前這一帶還沒有興建太多房舍，一坪開價四十萬可說匪夷所思。

回台北的路上，我又乘機告訴朋友一些房地產仲介銷售技巧，好比現在賣豪宅，主要銷售群為金字塔頂端的有錢人，為此建商還特地成立一個類似俱樂部的場所。既是俱樂部，當然有入會門檻，一般過路客也沒辦法得其門而入。這些尊貴會員可以一邊聽取簡報，一邊享受**SPA**，充分發揮軟性洗腦的攻勢。其實，同樣手法在台灣已行之有年。過去為了販售國外的房子，建商會先蒐集有錢人的名單，廣發邀請卡待君入甕，地點大多挑在五星級飯店，舉辦一場接一場的說明會，結果掏大錢買到的可能是尚未開發的不毛之地。

前些時候，我去桃園看房子，也面臨到小規模的建案，其接待中心地處通衢大道，工地卻在深巷暗弄裡面，周邊全都是老舊社區的四層樓建築，有柑仔店、小麵攤，**7-11**是看不到的！實在是饒富古意！看房的過程，接待業務還騎著機車跟著我，一前一後前往看房，雖然一路顛簸，看房後也大失所望，但我還是慶幸自己多跑了一趟，以免白花花的銀子給了人家，換來更長久的居住痛苦。

專家壓箱寶

接待中心不能說的祕密

1. 大招牌往往遮住了嫌惡設施。
2. 室內裝潢多用「鏡子」來營造大空間視覺。
3. 樣品屋特意「挑高」、標榜「夾層」，與實品有所出入。
4. 室內擺設小一號，對比出空間偌大。
5. 加裝嵌燈，打造採光良好的錯覺。
6. 貼滿的牆壁紅單，真真假假，假假真真。
7. 一起看房的競爭者，有可能是預先安排好的假客戶。

PART 4

賣屋前，一定要注意的「黑心地雷」

50 委託銷售一定要簽三個月嗎？

有位親戚透過房仲公司幫忙賣屋，他經常上網查詢，看看自己的房子是不是有放在房仲官網上；時間允許的話，他也會繞到房仲的店面瞧瞧……卻一直沒看到任何關於自己房子的廣告。他懷疑委託案遭到房仲冷凍。

之後他繼續追蹤銷售狀況，仍然沒有發現有什麼明顯的改善。於是他三不五時，打電話向業務員抗議。結果兩人說著說著火氣都上來，一言不合便鬧翻了，氣得我那位親戚當場表示不想委託他們公司賣房子，業務員也不甘示弱的回嗆：「跟你建議了多少次，售價太高，貼再多廣告也沒有用，但你偏偏不聽。那好啊，我們就按照合約走，委託期間未滿你就想片面解約，那你先把四%的仲介費付一付啊，之後你愛去哪家仲介就去哪家！」親戚聽了非常火大。

回到家後，親戚翻出和房仲所簽的「專任委託銷售契約書」，看到上面的委託期限是三個月。心想，這下可好了，眼睜睜看著業務員擺明就不願盡心盡力賣房子，卻又拿他沒轍，於是打電話給我。

我告訴他，仲介公司確實會將他們認定的不良案件冰凍起來，也有一些不肖仲介想藉時間換取議價空間，這類業務最普遍的表現是，不管你開什麼價錢，他都拍胸脯保證「可以賣得掉」，之後再來慢慢磨價錢，而不是一開始本著專業跟你分析市場狀況，碰到這種業務，一直生悶氣也不是辦法。

事實上，消費者並非完全無計可施，你可以蒐集一下當初業務的承諾、委託契約書的內容，以及房仲現在的表現，看看是否符合雙方應盡的權利義務關係，如果沒有符合業務當初的承諾，可以要求對方改善，否則解除委任授權關係，以保障自己的權益。

為了避免出現類似這樣的不愉快與麻煩，賣方可以考慮委託期限不要一次簽三個月，先簽一個月看看，等確定可以完全放心委託他們之後，才放寬委託期限。

這樣的好處是，一方面，消費者可以保護自己的權益，只要房仲表現得不盡理想，轉換合約的機動性，會比一簽就簽三個月的情況強許多。另方面，一次簽一個月的合約，也可以對房仲產生警惕效果，提醒他們要積極替消費者賣房子，只要表現得不夠理想，一個月後，消費者是可以隨時走人的。

所以，要委託房仲售屋時，不是一次都得簽下三個月的委託銷售契約書，賣方絕對是有選擇權的。

專家壓箱寶

賣方可以要求房仲提供哪些服務？

在與房仲簽「委託銷售契約書」之前，賣方可以要求與房仲先簽定一份類似「賣方服務承諾書」這類的合約，可以將期望的服務詳列其中，像是要求仲介多久登一次廣告、多久必須向賣方回報銷售近況等資訊。

面對房仲各式的制式合約，賣方並不完全是處於被動的情形。

51 小心，代書原來是詐騙集團？

有一位朋友說他的親戚，曾經遇上類似詐騙集團的代書。

他的親戚賣了一間房子，當產權過戶後，代書在陪同他親戚去銀行辦理貸款時，藉故把他支開。但因為他親戚所有的印章、印鑑、身分證明等文件，都給代書保管，所以代書就利用親戚離開的短短五分鐘時間，重新塗改了轉帳的帳戶，讓原本買方應該匯到賣方帳戶的幾百萬元，就這麼神不知鬼不覺的，進到不知名的人的口袋裡。

這名西裝筆挺的代書，是買方所找來的。在產權過戶之前，買方的一切付款都相當正常，因此朋友的親戚也不疑有他，誰知道產權一過完戶，買方以及買方的代書都立刻變了樣。不但後續應該匯入他親戚帳戶的錢沒有匯進去，房屋產權還被銀行設定了抵押權，簡直如遭晴天霹靂。

有了這個前車之鑑，朋友在賣房子時老是擔憂，自己會不會也碰上類似的問題。當然更不敢信任買方找的代書，怕萬一買方和代書聯合起來，過戶卻拿不到錢。我跟朋友建議，不如就採用房仲的代書好了，這樣買方賣方都能省去心中的不安。

所謂「代書」，是沿襲以前慣用的稱呼，是指土地登記代理人的意思，現在稱為「地政士」。接受房地產買方或賣方委託，業務範圍包括：簽定買賣契約書、代辦銀行貸款、設定抵押、塗銷登記，以及申請不動產權利登記、產權變更、移轉登記等。所以一般來說，簽下買賣契約書之後，接下來的工作就會轉到代書手上，有的甚至連水電瓦斯過戶、計算買賣雙方費用分攤等相關的工作，也是由代書來處理。

一般民間的習慣，如果房地產買賣沒有透過仲介公司的話，那麼辦理產權移轉登記，也就是所謂「過戶」手續的代書，通常由買方負責尋找信任的代書，但這並不是法律規定，也可以藉由雙方協調，由賣方代書辦理。

但不管是買方代書或是賣方代書，對於相對人來說，總是覺得不夠安心，所以透過知名仲介公司提供的「特約代書服務」，通常是比較可靠的。

此外，最重要的是，不論你委託的是哪個代書，都不要偷懶，所有印章、相關身分證件等，都不要寄放在代書那裡，隨身攜帶或許麻煩一點，但總比事後才大嘆遇見郎中好得多。

台灣的消費者太容易信任別人，我們經常看見將重要文件證明以及印章全權委託代書的例子，每每都看得我們心驚膽跳。畢竟不怕一萬，只怕萬一，即便是合格的代書，也可能因為臨時急迫的需求，而做出傷害顧客的事情。這一點，千萬不可不慎。

專家壓箱寶

怎麼尋找讓人安心的代書？

那麼，怎樣才能找到令人安心的代書？我想，最基本的保障是，要先弄清楚自己面對的代書是不是個合格的代書，因為合格代書是必須通過國家考試的，相關的證件，就是最快速準確的鑑定方法，也可以上內政部網站查詢對方是不是合格的地政士。

代書的收費標準，一般是有公會表定價格沒錯，上網查，很容易就可以查得到。但因為代書之間也有競爭，所以大家常會發現，不同代書之間各項服務的收費水準其實並不一致。

52 房仲介紹過客戶，賣方就要付仲介費？

曾經有過這麼一個有趣的案例，有個媽媽因為兒子想買新家，做母親的愛子心切，想幫忙兒子多看些房屋，必要時也好給些意見參考。結果就這麼湊巧，兒子和母親各自透過不同的房仲，都看到相同的一間房子。做兒子的覺得那間房子還滿符合自己的需要，不過並不想那麼快做決定，想多看幾間房屋之後再說，所以也就沒跟房仲進一步討論。

之後再看的幾間房屋都不甚滿意，兒子於是打算，再過兩、三天，若是沒有其他更好的物件，就決定付斡旋金給房仲，讓房仲去跟屋主談價格。

不料，斡旋金都還沒付，母親突然跑來跟兒子說，她透過仲介看了幾間房屋，其中一間不論地點、格局或價位，都還相當符合需求。後來兩人發現，彼此看中意的房子居然是同一間，真是母子連心。於是就在母親的催促之下，為了不讓好不容易看上的房子被別人買走，隔天就由媽媽出面去處理。

就這樣，媽媽幫兒子買下了那棟母子倆都看中意的房子。但兒子先前接觸的仲介，卻透過屋主發現，怎麼買主居然是他們曾經帶看過的人，於是認為買賣雙方一定是透過房仲居中介紹之後，故意繞過仲介，私底下自行交易，好規避仲介費。

於是房仲按之前所簽的委託銷售書上的規定：「委託銷售合約到期後的兩個月內，如果屋主和仲介先前所介紹過的客戶達成買賣交易者，賣方仍然必須支付服務費予仲介。」一狀告上法院，向買賣雙方都提出必須支付仲介費的要求。

最後因為仲介無法舉證，他們確實帶買方去看過那間房屋，所以告訴沒有成立。

一般仲介為了預防買賣雙方在接觸過後，透過私下協議，等委託期限一過，雙方便可以略過仲介，直接完成買賣，規避支付給仲介的服務費用，所以都會在委託契約書中加上一條限制，即便是過了委託期，在二至三個月的期間內，只要賣方仍然是和房仲帶看過的買方成交的話，仍舊是必須支付仲介費用的。

更有甚者，有的合約還規定，成交的對象並不僅止於「房仲帶看過的買方本人」，連買方三等親以內的親人，這項條款都是有效力的。

當然，訂定這項限制條件，為的是防堵買賣雙方私底下協議，利用房仲居間找到供需雙方之後，就把房仲給甩了。

雖然有時候買賣方並非刻意要私下成交，而是買方決定購買的時間確實已經過了「委託期間」；或者像本篇案例一樣純粹只是巧合，但還是要提醒讀者，房屋的委託契約中存在這一條規定，以免產生不必要的困擾跟糾紛，而如果規定不合情理，譬如連「三等親」都列入限制時，就應該主張刪除。

53 小心簽一般約變成受災戶？

我有位很熟的客戶，常找我聊天。有一回聊到各自第一次的賣屋經驗時，他的經驗讓我印象相當深刻。

我這位客戶能力滿強的，三十歲左右就自己買下了一間房子。三十五歲時，看上另一間更棒的房屋，不過那間房屋總價不低，於是著手準備將第一間房屋賣掉，好換成第二間房屋。由於他工作也忙，為了可以盡早籌齊第二間房屋後續的款項，他一共和五家房仲簽了一般委託，所以五家仲介都有他家的房門鑰匙。

為了方便仲介帶買方來看房子，朋友先將他部分比較重要的家當搬去臨時租的房子，待新家過戶手續完成後，便可以搬進新屋去住。

結果一段時間過後，他回舊家看看，沒想到卻看到滿屋杯盤狼藉，桌上、櫃子旁，四處散放喝過的飲料罐、吃完的糖果袋；再加上幾天前一場大雨，窗戶沒關上，地毯也溼了一大片。看到此情此景，朋友氣炸了。但因為沒有裝錄影設施，根本弄不清楚是哪家仲介所為。打電話一一詢問，對方都推說很可能是買方留下的垃圾；至於落地窗，每位房仲也說自己離開前都檢查過，並且關上窗了。

朋友笑稱，沒想到不過就是要賣個房子嘛，怎麼好端端的，突然自己就淪為「受災戶」啦。真是不經一事，不長一智。自此之後，他所有要賣的房子，都是簽給單一一家房仲的專任委託銷售。

其實只要是賣方與多家房仲簽定一般委託銷售的話，就要想到會有這樣的風險。現在很多學者專家倡議要廢止專任委託制度，事實上是「見樹不見林」的看法，除非有更好的配套措施，否則廢除專任委託，卻改變不了一些不肖仲介人員的服務態度及取巧做法，問題可能更複雜。

所以，假如屋主仍然執意要用一般委託的方式，就必須採取更積極有效的防範措施，譬如規範房仲公司帶看的方式，把鑰匙交給管理員，要求房仲一定要登記領取，隨時關心屋況，或加裝錄影設施，如果仲介有不當行為，立即淘汰不良仲介並拒絕再與該公司合作，以免真正發生問題時哭訴無門。

54 你的房子是「蘋果Case」還是「芭樂Case」？

有位朋友為了增加房子銷售的機率，同時以一般委託約，委託多家房仲幫她賣房子。結果，三個月下來，效果不彰，除了有一名買方去看過房子之外，就沒有了下文。

為了慎選房仲，她特地打電話給我，向我打聽該如何找房仲，才可以增加效率。否則像之前，同時委託三家房仲，各簽了三個月的委託期，結果卻只有一名買家上門詢問過，而且還開了一個很不漂亮的價格，讓她感覺相當失望。

我告訴她，一般委託未必可以增加房子銷售的機率。

道理其實很簡單，房仲開門做生意，每一分鐘都是成本，哪個不是緊盯著好賺、容易成交又有主控權的目標集中火力；其餘的，像是一般委託銷售案，或賣相不佳的房屋，有機會就做，沒機會就放著，大多都不會積極處理、用力推銷，更不要以為仲介會大力替你打廣告。

所以，一般房仲會在接到案子時，一開始就採取簡單的「分級制度」，將委託銷售案分為「蘋果Case」和「芭樂Case」；「蘋果Case」是賣相佳、成交機率高而且最好是「專任委託」的案子，這種案子值得用力推銷；而「芭樂Case」則恰恰相反。

那賣方要怎麼知道，自己的案子會不會被打為「芭樂Case」？其實你根本不需要知道，也無法知道，因為，賣方要知道的，不是自己的房子會被歸為哪一類Case，而是房仲會為你的房屋銷售做哪些努力。

我曾看過另一個案例。那位賣方就是聽人家說，簽定「一般委託銷售契約書」多家幫忙銷售，可以賣到更好的價金，結果很不幸的，剛剛好相反，房價卻是愈開愈低。

因為委託多家房仲銷售的結果，各家房仲為了競爭，搶到買方，大多會盡可能在一開始就標示稍低的售價。

例如屋主開價一千萬，其中就有某家房仲開出九百九十九萬元的售價。理由很簡單，都是同樣一間房屋，A房仲老老實實開價一千萬，B房仲懂得抓住消費心理，開出九百九十九萬，你說，買家會找哪一間房仲？

後續只要其他房仲聽見消費者反映，有某家房仲開價較低，為了競爭，其他房仲也勢必跟進降價。

如此，原先有可能賣出一千萬的房子，最後可能就隨著各家房仲間相互競爭，而讓價金逐步下滑至屋主所開的底線，想要賣個比底價更好的價格，幾乎是緣木求魚。

因此，千萬別以為簽定「一般委託銷售契約書」，同時給多家房仲銷售，就保證一定可以賣到更好的價錢，那可不一定！

賣方還是要注意，如果你真的打算與仲介簽一般委託，應該在簽委託銷售契約書時，在合約上主動清楚與房仲約定，他們該在什麼時間做到哪些事情，例如：上廣告的頻率、該有哪些配套措施、開價的底線、屋主以什麼標準來認定成交等等的這些細節。

55 借屋裝修要先簽契約

多年前，曾發生過有買賣雙方在簽完房屋買賣契約後，在過戶流程中，買方按照一般慣例，向屋主借屋裝修。這種情況相當常見，也相當合理。所以屋主不疑有他，就將房屋鑰匙給了買方，讓他可以方便裝修工程的進行。

殊不知房子借給買方裝修沒多久，買方就搬進房子並且住了下來。這還不打緊，接下來該進入賣方帳戶的房款，也遲遲不見進帳。打電話聯絡買方，他都不肯接電話。賣方這時才感覺事有蹊蹺，回到舊家，才發現買方連大門鑰匙都給換了，讓他進不了門。

遇見這樣的惡霸買方，賣方除了上法院控告買方之外，也別無他法。這時買方才表示，要他搬出那間房子也可以，但他要求屋主必須賠償他所有的裝潢費用八十萬元。

這世上就真的有這麼敢要的買方，明明自己違法在前，居然還獅子大開口，要求屋主賠償所有裝潢費用。不過也當然啦，惡霸買方的要求在法律上是絕對不可能成立的。

為避免遇上類似的麻煩，賣方在買方提出借屋裝潢的要求時，記得一定要跟買方簽定「借屋裝潢協議書」。這類協議書仍然具有法定約束力，雙方可以明定把房子借過去裝潢的買方，有哪些行為是不應該出現或必須被禁止的。例如：

1. 過戶完成前，買方不能住進房子裡。
2. 裝潢期間，買方不能私自將房門的鎖換過。
3. 如果買方違約，並取消交易，則買方必須將已經裝修的部分回復原狀，或者保留裝潢，但是不能主張賣方賠償買方支付的裝潢費用等。

除了在借屋之前要與買方立約之外，賣方還應該經常回舊家看看，否則如果買方做出什麼傷害協議的行為，例如悄悄搬進去住，或者偷偷換掉門鎖，你都會無從得知的。

56 賣土地不一定要付增值稅

一次年節，我回到南部老家過節，剛巧碰上多年未見的一位年邁叔叔，大家開心的聊天吃菜，卻見他一個人坐在角落裡落寞喝酒。於是我趨前問候，才知道他剛賣掉一筆農地，為此有些心煩。

為什麼賣了地要心煩？他告訴我，自己年紀大了，做不動農事，所以把自己耕作大半輩子的田地，賣給隔兩條街的另一名農夫。鄉下人純樸，並沒有想靠賣地賺多少錢，三分地也才賣五十萬元。他完全沒想到的是，賣這麼便宜的地，居然還要再繳十萬元的增值稅。這樣扣下來，三分地就賣那麼一丁點錢，想想真的很捨不得。

我驚訝的問他：「賣農地給做農的，為什麼要繳增值稅？」老叔叔說：「就是隔壁村那個代書說的啊，我怎麼會懂！」我跟叔叔說：「你被人家騙了啦。」

後來一查，果然，隔壁村那個所謂的「代書」，根本不具備代書的資格，只是一個「中人」；就是閩南語所稱的「牽猴仔」而已。叔叔所繳的那十萬元，也不是繳給了政府，而是進了那個中人的口袋。

大家都知道，房屋買賣時賣方要支付「增值稅」；但多數不清楚的是，這所謂的增值稅，課稅的標準是因為「土地」增值了，而不是房屋增值。也因此，一經說明後，會讓很多人誤以為如此便同理可推，土地買賣時，賣方自然也必須要繳交「土地增值稅」囉。

其實這觀念是錯誤的。早年，政府為了落實「農地農用」的農業政策，獎勵農業生產，所以只要農業用地的移轉，在符合一定要件的情況下，是可以申請不必課徵土地增值稅的。

而就算土地移轉時應該課徵土地增值稅，納稅的義務人也不見得必然就是原土地所有權人。依照稅法上的規定，若是土地的移轉屬於買賣、交換等交易性質的，土地增值稅確實是要由原土地所有權人繳納增值稅。但如果土地的移轉是沒有獲得其他報酬的，像是贈與、遺贈等，那麼土地的增值稅可就必須由取得土地所有權的那個人來負擔。

所以，持有土地的讀者一定要弄清楚，什麼情況下必須繳稅，什麼情況下可以不必繳稅；必須繳稅的同時也該分辨清楚，誰才是真正的繳稅義務人。以免像我的叔叔，成了不肖「中人」的受害者。

專家壓箱寶

什麼狀況下，原土地所有權人不用繳「土地增值稅」？

1.各級政府出售或是依法贈與的公有土地，以及各級政府受贈的私有土地。

2.因為繼承而移轉的土地。

3.私人捐贈供興辦社會福利事業或依法設立私立學校使用的土地。

4.被徵收的土地。

5.都市計畫法指定的公共設施保留地，尚未被徵收前移轉者。

6.依法得徵收的私有土地，土地所有權人自願按徵收補償地價售與需地機關者。

7.配偶相互贈與的土地，得申請不課徵土地增值稅。

8.做為農業使用的農業用地，在移轉給自然人時，得申請不課徵土地增值稅。

57 必須取得授權書才能簽委託書

曾經發生過這麼戲劇性的一個案例。有一對兄弟，分祖產後各自擁有一間房屋。當時哥哥帶著權狀資料，找上仲介，打算請仲介幫忙銷售房子。因為哥哥聽弟弟曾提起過，也想要賣屋，所以在賣自己的那份祖產時，就順便也幫弟弟的一起簽了委託契約書。

結果接案的業務員經驗不夠，當場沒發現問題。等相關委託書都簽好後，店長才發現怎麼產權的所有權人和委託書的委託人，不屬於同一人又缺乏授權書，這樣的委託恐怕是有瑕疵的。但因為房仲好不容易才獲得一份委託書，怎可能因此輕易放棄，當然要想辦法解決。

沒想到，突然跳出一名婦人，自稱是兄弟倆的媽媽，試圖阻止兄弟倆賣祖產。這狀況有點令房仲傻眼，因為委託書上從頭到尾都沒有媽媽的名字出現，照道理說，這件委託案子和他媽媽一點關係都沒有。

但妙就妙在，原本這個委託案的問題是很容易解決的，只須再補上弟弟的一張授權書即可。問題是，後來跳出來的這位媽媽大聲阻止，嚇得弟弟連出面表示要賣還是不賣，都不敢了，更何況補簽一張授權同意書？這個個案最後找我調解，由於在目前狀況下，法律上，哥哥仍是無權代理的，為避免引起那一家人之間的嫌隙，最後，房仲決定主動放棄這個案件的委託。

類似的例子，以前也曾發生過。某家仲介公司接受委託賣地，產權登記在夫妻兩人名下共同持分，但因為老公長期在大陸經商，老婆就代替老公簽署委託授權書，而當時老婆也確實在仲介面前打電話確認過，沒想到，這土地一賣半年，後來終於成交，就在準備辦理產權移轉時，老公突然匆忙返國制止，夫妻還在仲介公司大吵一架。

原來，老公在大陸包二奶，夫妻倆正在鬧離婚，財產怎麼分配還爭議不休，老公當然不肯出售這塊土地，甚至還要告老婆無權代理，以及仲介侵權，未經他同意就刊登廣告。

事實上，房地產買賣牽涉金額龐大，不論是業主或仲介，都必須搞清楚代理的法律關係，如果不是本人簽約，一定要取得當事人的授權書；否則像這對夫妻，原以為關係如此密切，哪知道哪天反目成仇，搞不好還吃上官司。

PART 5
附錄

附錄一

如何選擇房仲業務員？

因為房屋仲介公司林立，大家需才孔急，為避免發生糾紛，所以政府規定從事房屋仲介，必須接受三十小時的訓練課程，之後，便可以取得「不動產經紀營業員」的證照，開始從事相關的房屋仲介工作。

但可惜的是，目前在台灣，對於這樣的課程控管及審核過程並不嚴謹，很多營業員在補習班連睡三十小時，一樣可以取得證照，所以取得證照，只是代表他具備房屋仲介的資格，而不見得有足夠的專業能力，但如果他連這樣的資格都沒有，那消費者真的要小心了，這代表出了事你可能哭訴無門。

我就曾在某次上課途中，搭上一部計程車，看到計程車司機座位旁，放著一盒某知名房屋仲介公司的名片，我很好奇的問他，他是司機還是仲介？他說都有「兼著做」，最有意思的是，他連什麼叫營業員都搞不清楚，我真是替消費者捏了一把冷汗。

其實，這樣的營業員訓練課程，重點不在於三十小時內可以提供多麼專業的訓練，重點是，取得證照的業務員個人的相關資料，都會通過這道程序被詳細記錄下來，未來倘若發生任何狀況，才可能找得到人。否則，房仲人員經手的業務動輒數百萬，未經管理的話，很容易出問題。

除了上述的營業員外，另一種叫作「不動產經紀人」，這是必須通過國家考試的，這兩種資格泛稱「不動產經紀人員」。很顯然，想要從事房屋買賣，當然要透過專業的營業員或經紀人，是對客戶比較有保障的。特別是法律規定，房仲業員工每二十人，便必須配備一名經紀人，且你跟仲介公司所簽的重要契約上，都必須要有經紀人蓋章才行。

問題是，這兩種人員該怎麼區分。其實並不困難，從他們的名片就可以分辨得出來。若是只取得營業員執照的，他們的名片上會出現這樣的字樣：「年度（登字多少號）」，例如100（登字XXX號），前面的數字是他取得證照的時間；若是經紀人的話則會出現「年度（地區第幾號經紀人）」，例如100（北市第X號經紀人），只要跟他們要張名片，立即就可以判別身分。

消費者還可以上內政部網站查詢，以確認身分的真實性，及證照是否在有效日期內，或是這個人有沒有因為違法違規被處罰過，還可以直接打電話去公司詢問該名業務的姓名，若是連總機都不確定公司是不是有這號人物，理論上還是暫緩委託比較保險。

再者，除了大家熟悉的幾家房仲知名品牌外，若想透過業務員或經紀人的名片，了解他們公司的規模，名片上的電子信箱也可以透露出一些端倪。若是名片上沒有自己公司的官網，或是專用電子郵箱，而是用yahoo.com或hotmail.com這類免費的網址，明顯就是一家不具規模的房仲。

「魔鬼就在細節裡」，要防範所託非人，並不困難，只要注意一些小細節與眉角，就能避免遇到居心不良的業務，而換來勞心傷財的嚴重後果。

怎麼看業務員是內行還是外行？

消費者也可以藉由以下三個問題，試探業務員有多老練、夠不夠專業，或者值不值得信任。這三個問題分別是：

1. 增值稅怎麼計算？

這是一個很簡單的問題，但現在一般業務員都依賴電腦計算增值稅，經驗不足的業務員，若一被問到這個問題，大多會慌了手腳。能夠鎮定以對的，應該就是具備基本專業的經紀人員。

2. 這附近的房價成交行情如何？

若業務員隨便給個數字，那就表示這名業務員沒有市場概念，不夠專業或者不值得信任，因為地點、建物不同，都會影響房屋的價格。

所以，若要談附近的成交行情，業務員應該提供包括「成交資料」、「物件評估報告」，再跟客戶討論市場價位及物件差異性，給消費者一個合理的區間數據才對。

3.你要怎麼幫我賣房子？

若業務員告訴你，他馬上會幫你登廣告，那就表示這名業務員不懂行銷，只想先取得物件再做打算。他應該告訴你，他會完成一份「行銷企畫」，仔細評估銷售策略及廣告方法，再來跟你討論。

附錄二

如何挑選品質好的仲介公司？

隔壁有對夫婦，想替兒子買新房，由於滿街一家又一家的房仲公司，他們一時反倒不知道該找哪家店幫忙了。

於是他們夫妻跑來找我商量，看該選擇和哪一家房仲打交道？到底是直營店比較可靠，還是加盟店比較好？

所謂「直營」店，就是財力雄厚的房仲公司，在各地開的分店，各分店長，就相當於是公司派駐各地的業務主管。這些業務主管的主要職責，就是讓各店創造最高的業務收入，追求最大的成交量。

這一類型的房仲，通常有良好的品牌知名度，一般來說，也相當可靠。但是萬一遇上買賣糾紛，小如房屋漏水，大如業務員捲走斡旋金等，這部分業務並不屬於店長的職責範圍，必須轉由總公司法務部門統一處理。

問題是，這類型公司的法務部門一切依法論法，可是房屋買賣多數問題都不靠法律解決，反而更多是靠「喬」出來的，若一律透過法務處理，有時反而曠日廢時，而且如果牽涉自己品牌的利益，通常你要準備小蝦米對抗大鯨魚，好好奮戰一番。好處是，因為直營店是財力雄厚的大財團，再怎麼樣也不致發生投訴無門的狀況。

另外，直營店業務成員多屬社會歷練較淺的年輕人，比較不懂得如何快速切入消費者的需求，賣房子對他們來說，跟賣冷氣、冰箱等一般商品沒什麼兩樣。在服務效率上，會略為遜色。

至於加盟店，他們是獨立經營的房仲公司，大家共用一個品牌，也都有總部來負責管理督導這些加盟店業者的服務品質，遇狀況可以請求總部支援協調，但各店財務獨立，萬一發生金錢糾紛是無法相互支援，你也沒辦法請求總部賠償，但好處是，這類型的公司靠口碑吸引房仲業者加盟，對於客戶的反映通常比較快速回應。

在組織的運作上，加盟性質的公司通常採用無底薪制，管理也比較鬆散。但好處是，遇事可直接與業主溝通協調；加盟店多聘用較資深的業務人員，一般服務態度較積極，通常效率會比直營店來得好。唯一值得顧慮的是，因為各家店財務獨立，若遇見不良仲介，面對重大糾紛，鐵門一拉倒閉不理，也不是沒有可能的事。

此外，還有一種所謂的聯盟店，這類型在中南部較常見，例如「○○代書聯盟」或「○○地政聯盟」，多是一些代書事務所集合起來共用一個品牌，但不設總部，沒人負責管理約束旗下各分店業務，相當於是變相的獨立品牌。基本上對於消費者的保障，是以上三者之中最差的。

最後一種，應該就屬獨立品牌了，這類個人品牌通常只出現於較小區域的地方，服務地區性消費者，這類型的公司除了少部分是地區性的地主，或民意代表靠人脈經營之外，大部分都是財力較薄弱的個人所開，廣告資源及案源也少，服務品質及消費者權益就要看運氣了。

房仲品牌林林總總，重點不一定在加盟或直營，也不是在上市或上櫃，或是全省有多少家店頭，而是怎麼判斷挑選？以下提供一些參考的依據：

1. 形象：可以從店頭布置是不是清爽？資料整理是不是齊全？人員是不是穿著制服？接待態度是不是非常親切？對於消費者詢問的問題是不是直接回答？而不是拐彎抹角、閃爍其詞來判斷。

2.口碑：可以查詢相關網站，譬如內政部地政司以及消基會，或是報章媒體，了解這個品牌或是店頭是不是常常發生糾紛？商圈內的管理員、社區主委對這個店頭的評價？

3.專業：可以從對方對於所銷售物件的了解程度？對於商圈未來的發展潛力？對房地產市場的看法？以及相關的法規稅務是否清楚？

4.服務：對方是不是只是一直在推銷房屋？還是很關心消費者的需求？對於你的財務狀況、購屋能力有沒有充分了解？提供的資料是不是詳細又符合你的需求？

5.誠信：有沒有主動提供審閱期？有沒有主動提供房屋相關產權資料？包括地籍圖、平面圖、房屋使用執照以及權狀謄本等？對於屋主售屋動機，或買主背景資料有沒有充分告知？有沒有提供「買方」「賣方」服務承諾等具體的書面資料？

專家壓箱寶

得獎的公司就是品質保證嗎？

不論是半官方的GSP「優良服務認證」，或遠見雜誌採取的神祕客調查方式，遴選出來的「年度服務評鑑風雲榜」，都因為設定評鑑項目或取樣問題，無法百分百保證獲獎的公司，就一定令你滿意。

最好的方式，還是自己走一趟，實際接觸過後才能比較清楚，哪家房仲是最符合你需要的。

〈專家一點通〉

怎麼分辨各店的屬性？

一般可從以下幾個地方判斷：網站、店招、櫥窗、廣告文宣、名片。

由於法律有規定，房仲業須清楚標示說明各店的屬性。所以大家如果稍稍留意，基本上都可以在各店招牌上看到這類的標示，例如直營店會在廣告或招牌上寫著「○○房屋台北師大直營店」，或直接稱「○○房屋台北師大店」；若是加盟店，則一定會標示「○○房屋台北師大加盟店」，或者「○○房屋某某特許加盟店」等，且加盟店同時還會在櫥窗，以及文宣上特別加註說明「各店獨立經營」。

附錄三

宣稱高額貸款，原來利率也很高

有位親戚在多年前打算購屋，當時看到房仲狂打「優惠專案，保證高額貸款，最高可貸九成。」的廣告，於是決定買下現在這個房子。沒想到，簽約之後房仲才告訴他，所謂的九成貸款，其中七成是房貸，另外兩成是信貸，而信貸的利率高達六．二五％，足足比房貸利率水準高了一倍，當時親戚也沒想太多就這樣買了房子。

但過了一陣子，他感覺貸款利息壓力實在太大，加上信貸不僅利率高而且還款年限短，整個家庭的資金運用真是捉襟見肘，這時候他才後悔，當初實在不應該一時衝動，聽信仲介的話，讓自己陷入困境。

事實上，親戚的例子不是少數的個案，房仲公司為了促銷房子，有時會跟銀行談妥所謂的「優惠專案」，這樣的專案要不就是條件有嚴格限制，要不就是要搭配信貸；或者前兩年的優惠期利率低，過了這個優惠期，貸款利率馬上高出同業水準，畢竟銀行做的是錢的生意，算盤打得可比一般行業要精得多，所以想從銀行那裡得到好處，那可真是不自量力。

所以在購屋前應該仔細計算自己的資金預算，而且一定要問清楚房貸的計算方式，做好財務規畫，才不會讓自己後悔。

但是，以我這個親戚的例子而言，既然房子已經買了，總是必須想辦法解套，於是我告訴他一個方法，那就是替「房貸搬個家」，也許一年也可以省個幾萬塊。

不過想要辦理轉貸，是必須自行負擔一些費用的，例如代書費、設定費等，爭取到的新利率，一般來說，至少要比現有利率便宜約〇．五%，這樣的轉貸才會划算。

專家壓箱寶

為什麼要「轉貸」？

一般銀行為了維持其正常獲利，頭兩年會提供較低的優惠利率，但必須綁約；綁約期間不得轉貸其他銀行，若違反約定，則必須因違約而賠償銀行損失。一般來說，銀行到第三年利率就會開始起跳，大約比前兩年的優惠利率高出〇．四％到〇．八％。

所以，一般會利用綁約期結束後辦理轉貸的方式，向下一家新的銀行再尋求另一個頭兩年低利率的優惠。如此反覆運用，便可以每年省下可觀的利率支出。

或者可以利用「轉貸」的名目，回過頭來與原貸款銀行爭取，提供其他願意接受轉貸的銀行所提出的優惠利率。如果協商奏效，那麼甚至連代書費等各項費用都不必花，就可以享受與「轉貸」相同的優惠利率，更是上上的選擇。

所以，為了順利爭取下一家貸款銀行或原貸款銀行的優惠利率，貸款人應該要維持良好的還款紀錄。否則不論是原銀行或新貸款銀行，都不可能會願意提供任何優惠的貸款利率給貸款人的。

附錄四

不鑽法律漏洞，奢侈稅避稅省錢有撇步

有朋友剛好一年前才買的房子，因為工作的關係，必須舉家搬遷。為了可以順利搬家，他打算在下一個工作地點，買另一間房子；接下來，勢必得將一年前才買進的舊屋轉手賣出，否則就得同時付兩間房屋的貸款，實在是負擔不來。

但這時候政府剛好開始開徵奢侈稅了，此時此刻他剛好卡在節骨眼上，於是非常擔心自己因為才買進一年多的舊屋必須轉手賣掉，而被課到奢侈稅，為此煩惱不已。

他特地打電話給我，問我這樣一來，是不是自己就會被課徵到奢侈稅。我告訴他，雖然政府現已開始針對非自用住宅兩年內轉手課稅，但他的狀況屬於「買新賣舊」，只要新居仍然符合「自用住宅」的規定，是不會被課到奢侈稅的。

另外，像是農地的買賣、因為被列為公共設施保留地而被徵收者、因為債務問題被銀行拍賣的法拍屋等，都是可以豁免的對象，並不是所有非自用住宅兩年內交易買賣的房子，都要被課稅的。

其實因為工作的關係，我認識好幾位房仲業的老闆，最近他們正在密集討論有關奢侈稅的影響，碰到有不清楚的地方，便會打電話向我徵詢意見。

從他們多次詢問的內容可以推測，一般投資客在面對奢侈稅的開徵，因應之道，大多打著盡可能在奢侈稅公告實施日之前，簽好買賣契約，來不及簽約的就表示：「管他什麼稅，到時候把多出來的稅額，全部灌進賣價當中就可以了。」

所以我們大可合理預期，奢侈稅實施兩年之後，不論是從一般散戶投資客拋出來的房屋，或者口袋更深、人頭更多的投資大戶所轉售的房屋，開出來的售價，必定都會將「持有兩年以上」這期限內發生的所有持有成本，例如：房貸利息、屋況維護成本等費用，全部或部分轉嫁給消費者。如此一來，要靠奢侈稅達到平抑房價的目的，恐怕得到的卻是反效果。

但即使如此，我身邊還是有一些投資客朋友，因為都是業餘投資性質，口袋又不夠深，所以開始打著「上有政策、下有對策」的如意算盤，盤算著如何用所謂的法律漏洞來規避，有人想用「信託」過戶的方式、有人想用「贈與」然後另訂私契的方式，甚至還有朋友更絕了，他說乾脆跟老婆假離婚，這樣夫妻兩個一分為二，又多了一個「人頭戶」可以買賣，我開玩笑說：你不要假離婚搞成真離婚，到時候老婆帶著房子跑了，那可是得不償失。

事實上，使用各種方式、對策，即使避開奢侈稅，但相對衍生的問題不可不慎，譬如實質買賣假裝「信託」、「贈與」，這種刻意迴避奢侈稅的做法，可能涉及逃漏稅的行為，罰則是很重的，如果因此衍生產權及消費糾紛等問題，那才真是偷雞不著蝕把米。

奢侈稅一上路，有些房仲業務搞不清楚法規，有些房仲公司會教你這些避稅撇步，但你可不要以為撿到寶，那背後可是藏了刀。

專家壓箱寶

什麼情形會被課奢侈稅？

1. 自用住宅：財政部從嚴定義自用住宅，「本人、配偶及未成年子女的名下只有一戶。」並設籍於此，且無出租營業行為；在此定義下，擁有第二戶以上的房子都屬非自用住宅。

2. 課徵對象：

(1) 非自用住宅在購買後兩年內轉移者，但不包括賣預售屋的民眾、賣法拍屋的債務人，經過信託後再轉賣的房子，以及因繼承取得房屋的繼承者。

(2) 奢侈稅課稅範圍還包括私人飛機、遊艇、高價汽車、保育類動物及其製品、超過五十萬元以上家具等。

3. 課徵稅率：非自用住宅一年內移轉，課奢侈稅一五%；一到二年內移轉，課奢侈稅十%。

實施時間：二〇一一年六月一日起實施。

附錄五

奢侈稅重炮出擊、亂槍狂掃，合法避稅靠這招

劉媽媽是我認識多年的老朋友，公務員退休之後，一直當個菜籃族投資客，老公過世得早，子女也都成家立業了，我常調侃她是「黃金單身娘」。

可是平常笑口常開的她，最近悶悶不樂，一問之下，才知道原來是奢侈稅惹得她不高興。

劉媽媽說她不是投資大戶，也不是非得靠投資不動產賺錢，而是她把這當成興趣，當她看到一間破破爛爛的房子，巧手一揮精心打扮，就變得光鮮亮麗，她賺的是「成就感」。

所以不管挑房子、選建材、定價錢，都不像一些黑心投資客那麼沒良心，這也是我把她當好朋友的原因，所以平常投資利潤就不多，現在奢侈稅一來，以她的作風可能要賠錢了。

其實，台灣的法律常常思慮不周、漏洞百出，只不過外行看熱鬧，內行看門道，我告訴劉媽媽安啦！以她這種小咖投資客，奢侈稅影響不大啦！接著我就分析給她聽，奢侈稅合法避稅的幾個做法：

節稅妙招❶

購買預售屋轉售：根據財政部賦稅署的解釋：預售屋買賣尚未辦理所有權登記，在預售屋完工前，所有權仍屬建設公司所有，買方僅購得未來取得房屋及土地的權利，故個人在預售屋完工前，進行預售屋買賣，屬於權利移轉而非不動產移轉，免課奢侈稅。

節稅妙招❷

買新賣舊或是買舊賣新：如本人或配偶及未成年子女擁有第二戶房屋，但在一年內把原先的舊屋賣掉，或是因為非自願性因素，譬如工廠突然歇業、關廠等因素，讓員工無力負擔，而必須把新買的房屋賣掉，只要現在留下來的那一戶，則仍然適用自用住宅的規定，免課奢侈稅。

節稅妙招❸

買一賣一：你一直只有一戶，也符合自用住宅規定，那麼你把它賣掉，過一陣子再去買一戶，再把它賣掉，反正只要是自用住宅，都免課奢侈稅。

當然還要注意的是，所謂自用住宅的定義是指：本人、配偶及未成年子女設籍於此，而且持有期間沒有營業或出租的事實，且符合一生一屋的原則，就是自用住宅。

最後，我跟劉媽媽開玩笑說，奢侈稅上路，妳會過得更充實啦！

附錄六

專家壓箱寶，省錢節稅有妙招

1.省吃儉用買房產，節稅算盤要會打

小劉夫妻倆辛辛苦苦奮鬥了好幾年，終於存到了人生第一桶金，夫妻倆興奮之餘，透過房仲買房子，只聽到房仲業務口沫橫飛，拚命介紹房子有多好，卻絕口不提，買賣過戶除了房屋價金之外，到底還有哪些費用要支付？

事實上，房屋買賣，買方除了房屋價金及仲介費之外，確實有些稅金必須支付，包括：印花稅、契稅、地價稅、房屋稅。

當買方與賣方談妥價格訂立契約，訂約後要繳印花稅，印花稅是契約價格的千分之一，同時如果買的是成屋，要在訂約日起三十日內申報契稅，契稅是契約價格的六％；若逾期申報會加徵怠報金。如果是買預售屋，就要在核發使用執照之日起六十日內申報契稅。如果是向法院購買法拍屋，則要在核發不動產權利移轉證書之日起三十日內申

報繳納契稅。

節稅妙招❶

買的房子如果是供自己住家使用，可以先在契稅申報書附聯註明，於當年九月二十二日前辦妥戶籍登記後再補送有關文件，可以視為已申請房屋及土地的使用情形，按住家用稅率課房屋稅，並按自用住宅用地稅率課徵地價稅，享受節稅的好處。

節稅妙招❷

申報契稅的日期如果是當月十五日以前，依規定，要從當月起負繳納房屋稅的義務；如果是當月十六日以後才申報契稅，則從次月起負繳納房屋稅的義務。

2.精打細算是王道，賣房子節稅有妙招

小陳一直都是意氣風發的樣子，原來是在大陸工廠投資，賺了不少錢，但最近看他愁眉苦臉，原來是工廠接了一筆大單，須增購機器，

現在急需現金周轉，但平常好面子的他，又不想跟親友開口，而且據小陳表示，這關過了以後，可是前途大好，所以打算把台灣的老房子賣了，便宜點都無所謂，等過了這關賺了錢，再買一間更大更新的房子，那麼既然錢要用在刀口上，我就告訴他，賣房子節稅的撇步。

節稅妙招❶

賣房子無論賠錢或賺錢，在所有權完成移轉登記後次年申報個人綜合所得稅時，要檢附原始交易證明文件，將該筆交易所得合併申報或將財產交易損失扣抵財產交易所得。

未申報或未能提出證明文件時，就算是賠錢賣房子，國稅局會依照財政部所定的標準，按房屋評定現值的一定比例計算交易所得。

節稅妙招❷

如果小陳出售的房子是自用住宅，他所繳納該財產交易所得部分的綜合所得稅，兩年內重購自用住宅的房子價格如超過原出售價格，可以在重購的房子完成移轉登記的年度，在辦理該年度綜合所得稅時，從應納的綜合所得稅額中扣抵或退還。不論是先買後賣或先賣後買都可以適用。

節稅妙招❸

賣房子的土地要繳土地增值稅，可申請按自用住宅用地稅率課徵，也可以按一般土地稅率課徵。

如果新買土地的地價超過原出售土地的地價，可申請退還已繳納之土地增值稅。

節稅妙招❹

因為自用住宅用地稅率一人一生只能享用一次，所以小陳可以保留不用，而按一般用地稅率繳土地增值稅，再利用重購退稅的方法，把已繳納的土地增值稅退回來。

同時我還提醒小陳重購退稅的要件有：

(1)新購土地申報移轉地價，必須超過出售土地申報移轉地價扣除所繳納土地增值稅後的餘額。

(2)買屋賣屋的期間在兩年內，先買後賣、先賣後買都可以。

(3)買或賣房子都要符合自用住宅用地規定。

(4)新購土地都市面積不超過三公畝或非都市面積不超過七公畝；出售土地面積則不受限制。

(5)買或賣的房子要同一人名義。

(6)要在五年內提出申請。

3.房東房客都能省稅金，積沙成塔要機靈

小李剛退伍不久，找了個業務的工作，由於是社會新鮮人，加上業務工作收入不穩定，所以小李就在上班地點附近租了間套房居住，不過現在的年輕人果然懂得享受生活，雖然是間小套房，但位於精華地段，裡頭的設備也是一樣不少，每月租金一萬三千元，那天去拜訪他，剛好碰上房東來收房租，三個人聊得愉快，我就提醒他們，房東房客省稅金的方法。

節稅妙招❶

因為小李所租的房子是全部供自己住家使用，所支付的房屋租金，於申報綜合所得稅時，可以當作列舉扣除的項目，每一申報戶每年扣除數額以十二萬元為限，但申報有購屋借款利息者，不得扣除。

申報時要檢附租賃契約書影本、支付租金的付款證明影本、小李在該址辦好戶籍登記的證明，或小李書立所承租房屋於課稅年度係供自住，且非供營業或執行業務使用之切結書。

節稅妙招❷

房東申報綜合所得稅時，記得要把全年的租金收入，減掉必要損耗和費用後的餘額當作所得額，申報房屋租賃所得。租賃所得的申報方式，一種是不須任何證明文件，一律以當年度房屋租金收入的四十三%列為必要費用，但土地出租的收入，僅能扣除該地當年度繳納之地價稅，不得扣除四十三%的必要費用。

另一種是採列舉扣除方式，必須對因租賃而發生之合理、必要損耗及費用，逐項提出證明，如房屋折舊、修理費、地價稅、房屋稅及其附加捐、以出租財產為標的物的保險費、向金融機構貸款購屋而出租所支付的利息等。房東可先行核算可以扣除費用額，擇高適用。

4.買土地蓋房子節稅算一算，金額很可觀

蕭老闆奮鬥了幾十年，事業有成，在中部是有名的企業家，最近趁著上課的空檔去拜訪他，兩個人聊起以前的事情，話匣子一打開就停不下來，除了聊過去，還聊未來，蕭老闆表示年紀到了一定程度，打算退休享享清福啦！

所以他最近積極的在找地，打算請他開建設公司的朋友，幫他蓋間透天別墅，來個三代同堂，還很客氣的問我有什麼建議沒有？我告訴他，買地蓋房除了考慮居住品質、生活機能跟每個人的退休規畫外，還有一個重點也要計算進去，那就是節稅。

節稅妙招❶

一般土地稅率是千分之十至千分之五十五，採累進課徵，而自用住宅用地才千分之二，真的差很多；繳納期限是在十一月三十日前。

稅法規定地價稅是以八月三十一日的土地所有權人為當年度地價稅的納稅義務人，而且自用住宅用地必須是沒有出租或做營業使用，都市土地面積最多只有九〇．七五坪，戶籍登記倒不限定土地所有權人，本人、配偶、父母、祖父母、岳父母、成年子女、成年孫子女都可以，另外房子也要登記自己的、配偶的或直系親屬的才可以適用。

節稅妙招❷

蕭老闆如果想用孩子的名義為起造人，委託營造廠興建，最好是由孩子支付興建房子的錢，否則會被認為是他贈與孩子的，就需要按贈與稅率繳納契稅，房屋現值兩百萬元稅額為十二萬元，另外還要繳贈與稅。

節稅妙招❸

如果是以孩子為起造人，在使用執照核發前，同時以出售的方式，申報移轉土地給小孩或建商時，都市土地面積在九〇．七五坪以內，可以申請按自用住宅用地稅率核課土地增值稅。

5.賣土地節稅有門道，這篇詳細報給你知道

廖先生是我在美國參加一場研討會認識的華僑，長年居住在美國，這次回國是專程為了處理台灣的房子，廖先生的房子位在台北市南京東路二段，二十幾年前，他隻身前往美國發展，現在美國有房有車有老婆，而且還是個漂亮的美國人呢！

由於實在離開太久了，聽說廖先生剛回來，幾乎找不到他自己的房子，因為台灣實在變化太多了。廖先生先是找了附近的房仲估了一下房屋的價錢，這房仲很熱心，除了幫他估算房屋的價錢之外，也幫他算了增值稅，這一算不得了，增值稅將近兩百萬，這下廖先生慌了手腳，趕緊打電話給我，問我接下來該怎麼辦？

我趕緊提醒他，這麼久才做產權移轉的房地產，確實有可能要被課徵高額的增值稅，如果要節稅首先要確認，能不能申請自用住宅稅率，或是值不值得把這一生一次的優惠稅率用掉，才是聰明的屋主。

節稅妙招❶

土地增值稅，是從買進到賣出這段期間土地公告現值的漲價總數

額，依漲價倍數採用累進稅率計徵，一般土地稅率分二十％、三十％和四十％三級，但自用住宅用地優惠稅率則只有十％。自用住宅就是自己的房子自己住，簽定買賣契約的前一整年都沒有出租或營業，而且有本人直系親屬或配偶設立戶籍，戶籍登記只要簽約當天有在那裡就可以了。

節稅妙招❷

自用住宅用地稅率是優惠稅率，稅法規定一人一生只有一次機會，但不限定一處，如果同時擁有好幾個房子，都是給直系親屬居住，並設立戶籍，只要安排好同一天簽定買賣契約、同一天向稅捐處申報土地增值稅，就可以善用都市土地九〇．七五坪的最大額度了。

節稅妙招❸

既然是一人一生只有一次機會，就表示丈夫和妻子都各有一次機會，如果廖先生這次要享用這個權利，下次再換更大的房子的時候，也可以利用夫妻贈與不課徵土地增值稅的規定，先把土地贈與妻子，再用妻子的名義簽約買賣，那夫妻兩人就都可以享受自用住宅少繳稅的優惠了。

節稅妙招❹

自民國九十九年起，土地所有權人如符合下列條件時，可再享用土地增值稅「一生一屋」自用住宅用地稅率：

(1)曾使用過土地增值稅一生一次自用住宅用地稅率。

(2)出售都市土地面積未超過一百五十平方公尺，或非都市土地面積未超過三百五十平方公尺。

(3)出售時土地所有權人與其配偶及未成年子女，無該自用住宅以外之房屋。

(4)出售前持有該土地六年以上。

(5)土地所有權人或其配偶、未成年子女於土地出售前，在該地設有戶籍且持有該自用住宅連續滿六年。

(6)出售前五年內，無供營業使用或出租。

6.不動產雖牢靠，萬一損壞了，聰明節稅更重要

看到日本大地震的新聞報導，實在感觸良多，再堅固的房地產，也禁不起這種不可預期的天災，台灣這幾年也是災難不斷，小則淹大水，大則火災地震，還有一些是周邊施工不慎，造成房屋倒塌傾斜的人禍，這些屋主眼看著自己辛苦一輩子的「不動產」，這下變成了會移動的財產，真是無語問蒼天，雖然有些不可預期的災禍，可能造成自己不動產的重大損失，這時候除了傷心，更要趕快想想怎麼減少損失，「節稅」在這時候也就相形重要了。

節稅妙招❶

房屋淹水可以減免房屋稅，而且減免是依照實際淹水的日子計算，不滿一個月的，以一個月計算，換句話說，只要淹水一天，房屋稅就可以免稅一個月。

另外，不論是地震、火災、颱風、工程施工等等造成的房屋損壞，面積在五成以上，房屋稅可以全免，在三成以上不及五成，房屋稅減免一半，業主也可以在發生災害後的三十日內向國稅局申報災害損

失，做為申報綜合所得稅時列舉扣除，不過保險理賠或救濟金部分不能扣除。

節稅妙招❷

房屋焚毀，可以到稅捐處申請減免房屋稅，假如焚毀面積在五成以上，房屋稅可以全免，焚毀在三成以上不及五成，房屋稅減免一半。另外，可以在發生火災後三十日內向國稅局申報災害損失，於申報綜合所得稅時列舉扣除，不過保險理賠或救濟金部分不能扣除。

節稅妙招❸

倒塌的房屋可停徵房屋稅，流失的土地如果無法使用，可免徵地價稅或田賦。

7.夫妻贈與以及親子贈與，節稅規畫不可少

老趙夫妻結婚快半世紀了，最近鬧得不愉快，打聽之下才知道，原來趙太太認為跟著老公一輩子打拚，到頭來除了一些當初陪嫁的珠

寶外，名下連個房子都沒有，老趙又是很傳統的大男人，堅持女人就是要「認分」，爭什麼房產？平白無故把房子過戶，讓政府賺大筆稅金，老趙死都不肯，聽完這對老夫妻的對話，我告訴老趙「夫妻贈與」跟「親子贈與」好好規畫，不只可以讓趙太太開心，還可以想辦法節稅呢！

節稅妙招❶

夫妻間贈與不課徵贈與稅，夫妻間贈與房屋及土地，要訂立贈與契約，並在契約成立之日起三十日內，填具契稅申報書及土地增值稅申報書，檢附公定格式契約書影本（正本核對無誤後退還）及有關證明文件，向稽徵機關申報契稅及土地增值稅。

契稅核定後向原申報之稽徵機關，領取契稅及應納房屋稅繳款書，土地增值稅核定後，向原申報之稽徵機關領取土地增值稅繳款書（或土地增值稅免稅證明），持繳款書向代收稅款之金融機構繳納後，再到稅捐單位辦理稅捐完納證明，最後至所在地地政事務所辦理產權移轉登記。

夫妻間贈與雖然不課徵贈與稅，但若因辦理產權移轉登記，如不動產或股票之贈與，仍必須辦理贈與稅申報，於取得國稅局核發之證明書後，再檢附國稅局核發之證明書至辦理產權移轉之登記機關辦理產權移轉登記。

節稅妙招❷

父母要將房子及土地過戶給子女，如果直接訂定贈與契約的話，就要按照房屋的評定標準價格及土地的公告現值，計算贈與財產的價值，超過免稅額（民國九十八年一月二十三日以後為二百二十萬元）的部分，就要繳納贈與稅；換言之，如果贈與是在免稅額範圍內，就可以免繳贈與稅。

如果訂定買賣契約，父母子女間也確實有支付買賣價金，並且提出證明文件，經國稅局查明屬實的話，就可以不用課徵贈與稅。但如果不能提出支付價款的證明文件，雖然訂的是買賣契約，仍應以贈與論，課徵贈與稅。而且不論訂定的是贈與契約或買賣契約，都要向贈與人（出賣人）戶籍所在地國稅局辦理贈與稅申報。

節稅妙招❸

二親等以內親屬間財產的買賣，以贈與論，課徵贈與稅。但能夠提出支付價款的確實證明，而且所支付的價款不是由出賣人貸與，或出賣人提供擔保向他人借得的話，不在此限。

有許多父母在子女未成年的時候，就在每年度贈與稅免稅額的額度內，移轉現金（存款）到子女名下，做為將來子女舉證有支付價款的能力及流程之用，但是要特別注意，千萬不要把存款再轉回父母名下，造成資金流程的中斷和不連貫，讓辛辛苦苦的規畫泡湯了。

8.善用網路服務解決困擾，免得香汗淋漓白跑一遭

(1)稅務機關網站：

臺北市稅捐稽徵處：http://www.tpctax.taipei.gov.tw

財政部臺北市國稅局：http://www.ntat.gov.tw

(2)財政部稅務入口網：http://www.etax.nat.gov.tw

將全國的國稅、地方稅服務整合為單一入口網，提供稅務法令查詢、線上申辦、線上查調等等的服務。

(3)財政部電子申報繳稅服務網站：http://tax.nat.gov.tw

提供各稅網路申報服務，包括：綜合所得稅電子結算申報繳稅系統、執行業務暨其他所得者電子申報系統、營業稅申報繳稅、扣免繳及股利及信託資料電子申報系統、營利事業所得稅結算申報繳稅、會計師查核簽證委任名冊、營利事業所得稅暫繳申報繳稅等。

(4)財政部線上繳稅服務網站：https://paytax.nat.gov.tw

提供民眾使用信用卡、晶片金融卡繳稅使用。

智·言·館

人際心理 030

黑心仲介不告訴你的買屋賣屋陷阱

沒看完這本書，千萬不要找仲介買屋賣屋

作　　者／陳恭奕
出 版 者／智言館
視覺美術顧問／李建國
行銷企劃／黃惠玲、張紜芯
主　　編／劉又甄
責任編輯／李昭瑩
文字編輯／陳翠蘭、林柏宏
校　　對／李昭瑩、楊蕙苓
美術設計／張巧佩
編輯協力／林群華
電　　話／(02)2351-0260
傳　　真／(02)2322-3891
地　　址／10074 台北市羅斯福路一段86號11樓之一
製　　版／海王印刷事業股份有限公司

總 經 銷／彙通文流社有限公司
23150 新北市新店區中央五街42號
電話／(02)2218-2708　傳真／(02)8667-6045
劃撥帳號／19650094　彙通文流社有限公司

讀者意見信箱／service@3eyeintegrated.com
訂書信箱／sdn@3eyeintegrated.com
香港經銷商／〔時代文化有限公司〕九龍旺角塘尾道64號龍駒企業大廈3樓C1室
〔一代匯集〕九龍旺角塘尾道64號龍駒企業大廈10樓B&D室
〔香港聯合零售有限公司〕新界大埔汀麗路36號中華商務印刷大廈

2011年8月　初版一刷　

國家圖書館出版品預行編目資料

黑心仲介不告訴你的買屋賣屋陷阱 ／ 陳恭奕作. --
初版. -- 臺北市：智言館文化, 2011. 08
面；　　公分. --（人際心理；30）
ISBN 978-986-86268-5-0（平裝）

1. 不動產業 2. 仲介

554.89　　100012981

如何索取本公司的圖書目錄

(1) 您可 E-mail至 **sdn@3eyeintegrated.com** 或打電話至 02-2218-2708請客服小姐傳真或郵寄書目。

(2) 您可上**博客來網路書店**或各大連鎖店之網路書店，查詢我們的所有圖書和相關資料。

如何訂購本公司的書

(1) 您可前往全省各大連鎖書店或書局購買，如遇缺書請向門市要求〔**客訂**〕，請書店代您向我們訂書，我們接到書店〔**客訂**〕訂單，會盡速將書送到書店，您再至書店取書付款即可。

(2) 您可上**博客來網路書店**或**各大連鎖店之網路書店**訂購。

(3) 您可透過郵政劃撥方式，載明您的姓名、地址、電話、書名、數量以及實付金額，**書款一律照定價打九折**（請外加運費或郵資新台幣五十三元，台北縣市以外七十四元，離島及海外請勿使用劃撥購書）。

(4) 如果您一次的購買數量超過五十冊，即可享有〔**團體訂購**〕之優惠，依定價打**八折**，請利用本頁背面之〔**團體訂購單**〕，將書名和數量及姓名或機關行號名稱和送貨地址填好，傳真至：(02)8667-6045 二十四小時傳真專線，將有專人會與您聯絡收款及送貨事宜，運費由本公司吸收（離島及海外地區除外）。

(5)〔**團體訂購**〕單次購買數量超過五十冊以上時，請直接與我們連絡：02-2218-2708，或 E-mail：sdn@3eyeintegrated.com 我們將視數量提供更優惠的價格，**保證讓您物超所值**。

▶ 實體書總代理　彙通文流社有限公司　**02-2218-2708**

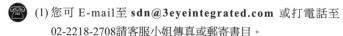

廣	告	回	信
板橋郵局登記證			
板橋廣字第698號			
免	貼	郵	票

23150

新北市新店區中央五街42號

彙通文流社有限公司　收

電話／(02)2218-2708　傳真／(02)8667-6045

劃撥帳號／19650094　彙通文流社有限公司

請沿虛線剪下對折寄回

智言館——Wiseman Books

AKA030 **黑心仲介不告訴你的買屋賣屋陷阱**

沒看完這本書，千萬不要找仲介買屋賣屋

會員回函・入會申請函

■ 謝謝您購買本書，請詳細填寫本卡各欄，對折黏貼並寄回，即可成為會員，可享有購書一律九折價，並可不定期收到本出版社之最新資訊。

■ 欲知本書相關書評・參加線上讀書會・投稿
詳情請上網站 http://www.wretch.cc/blog/eye3eye

◆ **姓名：**__________________ □男 □女 □單身 □已婚

◆ **生日：**_____年_____月_____日 □第一次入會 □已是會員

◆ **身分證字號**（會員編號）：__________________

（此即您的會員編號，為日後購書優惠之電腦帳號，敬請如實填寫）

◆ **E-Mail：**__________________ 電話：____________

◆ **住址：**________________________

◆**學歷：**□高中及以下 □專科或大學 □研究所以上

◆**職業：**□學生 □資訊 □製造 □行銷 □服務 □金融
□傳播 □公教 □軍警 □自由 □家管 □其他

◆**閱讀嗜好：**□兩性 □心理 □勵志 □傳記 □文學 □健康
□財經 □企管 □行銷 □休閒 □小說 □其他

◆**您平均一年購書：**□5本以下 □5~10本 □10~20本
□20~30本 □30本以上

(以下1~4項請詳細填寫)

◆**1. 購買此書的金額：**____________ ◆**2 購自：**____________ 市(縣)

□連鎖書店 □一般書局 □量販店 □超商 □書展
□郵購 □網路訂購 □其他

◆**3. 您購買此書的原因：**□書名 □作者 □內容 □封面
□版面設計 □其他

◆**4. 建議改進：**□內容 □封面 □版面設計 □其他

您的建議：